历史名人传记

秦九韶传

郭书春-著

天地出版社 | TIANDI PRESS

图书在版编目（CIP）数据

秦九韶传 / 郭书春著. -- 成都：天地出版社，
2025. 6. -- （历史名人传记）. -- ISBN 978-7-5455-3713-0

Ⅰ. K826.11

中国国家版本馆CIP数据核字第2025TK3375号

历史名人传记

QIN JIUSHAO ZHUAN

秦九韶传

出 品 人	杨　政
作　　者	郭书春
责任编辑	蔡龙英
责任校对	梁续红
封面设计	今亮后声
内文排版	四川胜翔数码印务设计有限公司
责任印制	刘　元

出版发行　天地出版社
　　　　　（成都市锦江区三色路238号　邮政编码：610023）
　　　　　（北京市方庄芳群园3区3号　邮政编码：100078）
网　　址　http://www.tiandiph.com
电子邮箱　tianditg@163.com

印　　刷　书印书香（唐山）印刷有限公司
版　　次　2025年6月第1版
印　　次　2025年6月第1次印刷
开　　本　710mm×1000mm　1/16
印　　张　12.75
字　　数　260千字
定　　价　72.00元
书　　号　ISBN 978-7-5455-3713-0

序

    多年来，我在做科普报告时，谈到中国古代数学成就，当然要提到秦九韶，并从秦九韶的众多贡献中特别列举其突出的两项：创建大衍总数术与大衍求一术，提出一次同余方程组的解法（世称Chinese Remainder Theorem，传承于孙子的"神奇妙算"等）；创建正负开方术，提出高次多项式方程数值解［西方称之为Horner格式（Horner's scheme），传承于中国多位杰出古算家］。苏联编撰的、权威的《数学百科全书》在条目"Horner's scheme"中明确指出，Horner格式等同于秦九韶方法。

    秦九韶，字道古，南宋人，生于1208年，卒于1268或1269年，一生主要经历是为官。年少时，他好学不倦，借助其父秦季櫆在朝廷任工部郎中和秘书少监等职位之便利，他得以有机会大量阅读皇家馆藏典籍，并拜访天文历法和建筑等方面代表皇家水平的专家，向他们请教天文历法和土木工程等方面的问题，以及相关数学问题。他还曾向精通数学的隐士学习数学。这为其日后的数学成就打下了坚实的基础。

    《数书九章》是秦九韶为母亲守孝三年期间创作的，于1247年完成。这时他39岁。设想一下，若当时有菲尔兹奖之类的奖项，秦九韶理应得奖。守孝期间，他专心致志地研究数学，深入思考，把平时对数学的理解和积累的数学知识加以整理、编辑及深化，写成了流芳百世的数学杰作《数书九章》。该书反映了中国古代数学发展的一个新高峰。秦九韶的《数书九章》有不少原创性成果，显示出系统性的发展，不少题综合运用《九章算术》的两三个方法。总之，秦九韶是中国古代数学几个方向的集大成者。

中国古代数学思想丰富、贡献卓著、源远流长，在算术与数论、代数学（运算与运算律）、几何学（形体认识）、分析学基础（无穷与极限）等诸方面做出了源头性贡献，是数学的主要源头之一。

商高在回答周公的"天地之问""用矩之道"问题时，展示出了丰富的数学思想。他给出了勾股定理一般形式的严谨而巧妙的证明，远不是只知"勾三股四弦五"这一特例。事实上，正是商高引入了命题证明。商高以矩形存在作为出发点进行演绎，提出"折矩"原理、"既方之"（即"皆方之"）思想；其证明采用折矩–积矩法，兼得完全平方和、完全平方差公式，融通几何与代数；证明蕴含运动–变化思想、运动不变量思想，如"环而共盘"。"折矩""既方之""环而共盘""积矩"是证明的核心思想与方法，对一般勾股形都适用。简洁的折矩原理——矩形沿对角线折叠展开得到完全相同的勾股形，可以推出后世称为"容横容直原理"（即矩形对角线分开的两勾股形容纳的横直两矩形面积相等）的结果；结合商高之"用矩之道"，通过双测乃至多测，进而推出重差公式，形成数学优美、实用性显著的重差术与测望术，并广泛应用于"望极高、测绝深而兼知其远"等困难的测望问题，这在《九章算术》勾股章、《周髀算经》陈子日高图及其赵爽注、《海岛算经》（刘徽）、《数书九章》中均有体现。

代数学，言约之，研究运算与运算律。中国古代在算术与代数方面有着非凡的成就。《九章算术》及其刘徽注是划时代的代表性名著。中国古代数学在回答计数问题即如何用少量简洁的符号表示所有数，以及运算问题即如何方便灵活进行计算时贡献显著，提出了算筹记数与十进位（置）值制、负数及其运算规律（正负术）、逆运算及运算封闭性、约分与更相减损术、盈不足术、矩阵求解线性方程组、方程术、损益术（移项与合并同类项）、开方术等思想与方法。数学发展是离不开这些思想与方法的。

中国古代对无穷、极限有准确、深入的认识。如惠子的"万世不竭"说，是一个不竭、无穷的思想；而墨子的"非半弗斫"说，是一个竭、极限的思想。商高提出以方求圆法，"毁方破圆术"，通过内接、外切方形从内外两方面逼近圆。这是刘徽割圆术之滥觞，也是现代分析学的一个基本思想。

中国古代数学早就有研究变化和运动的思想，与《易经》研究变化的思想一脉相承，如商高的"环而共盘"思想，商高、赵爽的"形诡而量均，体殊而数齐"之"形体不变量"思想。"形体不变量"思想抓住了形体研究的根本，是现代数学诸多领域的一个基本思想，贯穿于现代数学的发展中。

中国古代数学"言约旨远"。对中国古代数学进行深入研究以达准确认识需要深厚的学术造诣，需要透过其言约，揭示其旨远。这种研究不是将中国古代数学与现代数学牵强附会，而是揭示、复原中国古代数学本来就蕴含的、迄今一直具有生命力的那些数学思想，从而体会中国古代数学的"旨远"深意。中国古代数学思想，有的（比如中小学中不少的数学内容）事实上迄今一直在使用，只是人们浑然不觉而已，或没有得到符合事实、应有的体现；有的过去未被揭示出来，而事实上贯穿于现代数学的发展中。

中国古代数学博大精深，对中华文明不仅在物质文明方面有贡献，比如观天测地、制器、推历、授时、生律、测望、造车、建筑等，还在精神文明方面有贡献，特别是对国学、语言、文化等的影响与贡献较大。先秦时期国学奠基者们通晓筹算，将其核心人文思想用数学命题进行阐释，反映了人文精神与数学精神的交融；中国古代数学对中国语言也有重要影响，有关准、绳、规、矩、筹、策等词语、成语、短语都源于数学，如耳熟能详的"不以规矩，不成方圆""以法律为准绳""运筹帷幄""技高一筹""绳之以法"等。这些都体现了中华文化从根基上对数学的推崇，也从另一方面折射出当时数学成就之盛。

中国古代数学在不少研究方向具有传承性、系统性。

比如，在一次同余方程组与不定方程方面。一次同余方程组问题与数学在历法中的应用有关。古代历法推定中有一个上元积年问题，它在数学上可化为一次同余方程组的解法问题。"物不知数"问题事实上是数据简化的问题，其解法早期称为孙子的"神奇妙算"。在《数书九章》中，基于前人的成果，秦九韶创建大衍总数术与大衍求一术，解决了一次同余方程组求解问题。该成果在国际上称为"中国剩余定理"（此处中文翻译并不贴切，导致有误解；本意应是"中国余数定理"）。秦九韶在其书中开拓性地展示了其方法的应用范围，在其书中有多个一次同余方程组的问题，应用于历法、工程、赋役、军旅等情景中。一次同余方程组是一种不定方程问题。中国很早就研究不定方程问题了。比如《九章算术》中的"五家共井"问题、《张丘建算经》中的"百鸡问题"（亦见徐岳《数术记遗》、杨辉《续古摘奇算法》），这些是一次不定方程问题；在《九章算术》中求解出勾股数，这是一类二次不定方程问题。可以说，中国古代数学对数论中一个重要部分——同余式与不定方程研究做出了源头性的贡献。秦九韶是这方面的集大成者。"中国剩余定理"是现今数论与密码学的一个基本内容。

再比如，在多项式方程数值解方面。自从商高证明了勾股定理，在《周髀算经》及其赵爽注、《九章算术》及其刘徽注中，勾股术、开方术有了实质性的发展。古代说开方即指求解多项式方程。史料记载祖冲之、祖暅"开差幂、开差立"，当指带负系数的开带从平方、立方问题。唐代王孝通著《缉古算经》，主要是求解三次方程。宋朝数学家创建增乘开方法，以开方求高次方程数值解。这由11世纪的贾宪首创，包括贾宪三角的思想，能求解一些四次以上方程，不受二次、三次直观上的局限，这在认识上是一个突破；经12世纪的刘益发展，到秦九韶最终建立正负开方术，被称为"秦九韶方法"，给出了一般高次方程的数值解。秦九韶是这方面的集大成者。

中国古代数学书籍分记载性、原创性，也有混而有之者，就犹如当今数学文章分综述论文、原创论文、混而有之者。分清这种分类以及辨清书中成果获得时间甚至比考证成书时间更有意义，常常难度也会更大。简单地把成书时间当作书中成果的获得时间，或者把书的作者当成原创者，这是失当的。其实许多书是对前人工作的记载。分清是记载还是原创、区别成书时间与获得成果时间是重要的。比如，在《周髀算经》中，商高与周公的对话内容、陈子与荣方的对话内容，时间节点十分清晰。赵爽作注时说，"累代存之，官司是掌"，表明该书对这些内容的介绍是严肃的、记载性的，这些成就不是在成书时才有的。还有人把当时有无一个名词作为有无该成果的标准，或把名词的提出者作为该成果的获得者，这是不准确甚至是错误的。有无这个名称并不是关键，关键在于有无这一名称内涵的思想。比如，"中国剩余定理"，名词的提出者是外国人，但该成果显然归属于中国。《易经》上的"探赜索隐、钩深致远"这八个字，其实把科学的真谛言简意赅地表达清楚了，尽管中国古代并没有"科学"一词。

秦九韶将数学的作用概括为大、小两者，大者即所谓"通神明，顺性命"，而"小者"即所谓"经世务，类万物"。后者常常表现出显见的作用与实用，即所谓的"有用之用"。庄子曰："人皆知有用之用，而莫知无用之用也。""神明"或"神明之德"，按今天的话来说，可以看成是科学知识体系。通神明或通神明之德可以理解为创建、通达科学知识体系。这往往是所谓的"无用之用"。秦九韶在序中说的"或明天道而法传于后，或计功策而效验于时"，可以认为前者为"无用之用"，后者为"有用之用"。秦九韶自谦，认为自己的工作属于"经世务，类万物"的"小者"，对"大者"则认识不够（"固肤末于见"）。但历史证明，他的数学贡献实际上实现了数学作用之"大者"，即他对科学知识体系的创建有重大贡献，在历史上留存下来。他的心愿"进之于道"（达到"道"的境界）其实已在历史长河中实现了。

秦九韶为自己的书作的序（包括系文，九"系"是秦九韶为书中九章作的梗概与摘要），如同刘徽为自己注《九章算术》作的序、赵爽为自己注《周髀算经》作的序一样，思想深刻、内涵丰富，不但体现了数学精神，也体现了数学家精神，值得广大学者认真研读。秦九韶的序文也包含有价值的数学史内容。比如，开篇即说，"周教六艺，数实成之，学士大夫所从来尚矣"，结合刘徽在《九章算术注》作序时说的"且算在六艺，古者以宾兴贤能，教习国子"，可以看出先秦对数学之重视与推崇。

本书作者郭书春先生是我国享有国际声誉的、治学严谨的中国数学史家，长期从事中国数学史研究，特别是关于

《九章算术》及其刘徽注的研究，得到了国内外数学史界的认可。他在先秦数学与秦汉数学简牍研究、祖冲之和《算经十书》研究、宋元明清数学研究等方面，也颇有建树。他著作颇丰，硕果累累。他主持编纂了若干大型著作或丛书，比如《李俨钱宝琮科学史全集》和《中国科学技术史：数学卷》等；他曾任数学史学会理事长，也是一位出色的数学史教育家。郭先生为中国数学史事业的发展做出了重要贡献。

郭先生耄耋之年，仍孜孜不倦，写就本书。郭先生把重新品评秦九韶作为自己的重要研究成果。本书对秦九韶的生平与成就、品行与为人做了全面的介绍、分析和判断。这是一本关于杰出数学家秦九韶的力作，特此推荐。

中国古代取得了辉煌的数学成就，产生了许多杰出的数学家。中国古代数学思想是熠熠生辉的文明宝藏。我们的先人给了我们数学文化自信的底气与骨气。华罗庚先生曾说过，数学是中华民族擅长的学科。弘扬中国古代数学意义重大。新时代奋斗的数学人，理应以自信的精神，胸怀祖国，放眼世界，学习先进的数学成果，开拓进取，不懈努力，为中国数学再现辉煌而做出不负时代的贡献。

周向宇[1]

2023年10月于中关村

---

[1]周向宇，1965年3月出生于湖南郴州，湖南洞口人。中国科学院院士，发展中国家科学院院士，中国科学院数学与系统科学研究院研究员，第十三、十四届全国政协委员。

秦九韶（1208—1268或1269）是中国南宋大数学家。笔者受邀撰写《秦九韶传》，为此感到十分荣幸。笔者从事中国数学史研究50多年来，除关于《九章算术》及其刘徽注的研究得到国内外学术界的认可之外，重新品评秦九韶，是笔者的重要研究成果之一。另一项重要研究成果是推翻清中叶以来百余年间认为北宋大数学家贾宪的《黄帝九章算经细草》已亡佚，仅有片段存于杨辉的《详解九章算法》（1261）中的成说，证明贾宪此书中有约三分之二的篇幅存于杨辉的《详解九章算法》中，杨辉《详解九章算法》是由《九章算术》本文、刘徽注、李淳风等注释、贾宪细草和杨辉详解五部分构成的①。这是以笔者为首席专家的国家社科基金重大项目"刘徽、李淳风、贾宪、杨辉注《九章筭术》研究与英译"的立项基础。

数学与农学、天文历法、医学等同为中国古代最为发达的基础科学学科。元中叶以前的中国古典数学经历了原始社会至西周的萌芽、春秋战国至东汉中叶的数学框架的确立、东汉末年至唐初的数学理论体系的完成、唐中叶至元中叶筹算数学的高潮等几个阶段。从公元前3世纪至公元14世纪初，中国数学一直居于世界数学发展的前列，是当时世界数学发展的主流。秦九韶是中国筹算数学高潮阶段的代表人物之一。

秦九韶，字道古。祖籍鲁郡（今山东省济宁市曲阜、兖州一带），生于普州安岳（今四川省资阳市）。秦九韶出生在一个传统道德深厚的家庭，早年在南宋首都临安（今浙江省杭州市）向隐君子学习数学，并向太史令等学习数学、天

---

① 郭书春著《贾宪〈黄帝九章算经细草〉初探——〈详解九章算法〉结构试析》，载于《自然科学史研究》第7卷第4期，1988。又收入郭书春主编《郭书春数学史自选集：下册》，济南：山东科学技术出版社，2018。

文、历法、建筑等知识。他"星象、音律、算术以至营造之事，无不精究"，"游戏、球、马、弓、剑，莫不能知"。绍定二年（1229），秦九韶擢郪县（今四川省三台县）县尉；绍定六年（1233），他到临安参与校正秘阁图书。后来他先后任蕲州（今湖北省蕲春县）通判、和州（今安徽省和县）太守。淳祐四年（1244）八月，他出任建康府（今江苏省南京市）通判。同年丁母忧解官离任，回湖州守孝，于淳祐七年（1247）九月完成《数书九章》[①]。他支持并参与抗金、抗蒙战争，与主战派首领吴潜（1195—1262）相友善，宝祐六年（1258）任琼州（今海南省海口市琼山区）守，景定元年（1260）知临江军（今江西省清江县），因遭追随投降派贾似道（1213—1275）的人弹劾被罢免。后贾似道击败吴潜，秦九韶遭株连，被贬到梅州（今广东省），"在梅治政不辍"，1268年或1269年卒于任所。

秦九韶是一位具有实事求是的科学精神与创新精神的数学家，是一位关心国计民生、体察民间疾苦、主张施行仁政、支持抗战的正直官吏，是一位把数学作为实现上述理想的有力工具的学者。秦九韶将数学的作用概括为大、小两者，而自认为对所谓"通神明，顺性命"的大者"肤末于见"，便将自己的才智专注于"经世务，类万物"的"小者"上。他认为"数术之传，以实为体"，"数与道非二本"，愿将自己的数学知识"进之于道"。这是他著《数书九章》的宗旨。

《数书九章》共九类十八卷（在《四库全书》中称为《数学九章》，九卷，每卷分上、下[②][③]）。九类是大衍、天时、田域、测望、赋役、钱谷、营建、军旅、市物，每类二卷，共9个问题，凡81个问题。秦九韶在《孙子算经》"物不知数"问和传统历法制定中计算上元积年的方法的基础上创造了大衍总数术，系统解决了一次同余方程组解法。500多年后，西方数学大师欧拉（Euler, 1707—

---

① ［宋］秦九韶著《数书九章》，［明］赵琦美家钞本，今藏国家图书馆，清宜稼堂主人郁松年翻刻，收入《宜稼堂丛书》，1843。又收入郭书春主编《中国科学技术典籍通汇：数学卷》，郑州：河南教育出版社，1993；大象出版社，2002，2015。
② ［宋］秦九韶著《数学九章》，《四库全书》文津阁本，北京：商务印书馆，2005。
③ ［宋］秦九韶著《数学九章》，《四库全书》文渊阁本，台北：台湾商务印书馆，1986。

1783）、高斯（Gauss，1777—1855）等才达到或超过他的水平[1]；他又提出正负开方术，把以贾宪创造的增乘开方方法为主导的求高次方程正根的方法发展到十分完备的程度[2]，欧洲在19世纪初才创造出这种方法，被称为霍纳（Horner，1786—1837）法或霍纳-鲁菲尼（Ruffini，1756—1822）法。这两项都是世界级的重要成就。他对数学的贡献极多，比如十进小数的使用与记法，改进了方程术即线性方程组的解法，创造了与海伦公式等价的计算一般三角形的面积的方法，其细草有笔算的萌芽，等等。

至于秦九韶的人品，则是学术界有争议的问题。最早记载秦九韶事迹的是他的同代人刘克庄（1187—1269）的《缴秦九韶知临江军奏状》[3]及稍后的周密（1232—1298）的笔记《癸辛杂识续集·秦九韶》[4]，文中对秦九韶有诬蔑之词。他们都是大文学家，其著作流传甚广，影响极大。清代学者焦循（1763—1820）[5]、郁松年（1821—1888）[6]、陆心源（1834—1894）[7]等则开始为秦九韶辩诬，但其辩诬方式有值得商榷之处。应该说，余嘉锡、钱宝琮等学者对焦循、陆心源等立论方式的批评确实有一定的道理。社会现象，尤其是政治斗争，是十分复杂的。正如追随贾似道的人不见得全是投降派，追随吴潜的人也不见得全是正人君子一样。

1946年，历史学家余嘉锡（1884—1955）发表《南宋算学家秦九韶事迹考》[8]一文，以刘克庄的奏状与周密的笔记互相印证，得出刘克庄、周密所说秦

---

① ［比利时］U. Libbrecht（李倍始），*Chinese Mathematics in the Thirteenth Century*, *The Shu—shu—chiu—chang of Chin Chiu—shao*, Cambridge, Massachustts and London, England, the M.I.T. press, 1973.

②郭书春主编《中国科学技术史：数学卷》，北京：科学出版社，2010，2017。

③［宋］刘克庄撰《后村先生大全集》，北京：商务印书馆，1929。

④［宋］周密撰《癸辛杂识续集：卷下》，《四库全书》文渊阁本，台北：台湾商务印书馆，1986。

⑤［清］焦循撰《天元一释》，郭书春主编《中国科学技术典籍通汇：数学卷》影印，郑州：河南教育出版社，1993；大象出版社，2002，2015。

⑥［清］郁松年撰《数书九章跋》，郭书春主编《中国科学技术典籍通汇：数学卷》影印，郑州：河南教育出版社，1993；大象出版社，2002，2015。

⑦［清］陆心源著，冯惠民整理《仪顾堂书目题跋汇编》，北京：中华书局，2009。

⑧余嘉锡著《南宋算学家秦九韶事迹考》，载于《大公报·文史周刊》第9期，1946.12.11。

九韶的"罪状""固非横肆诬蔑"的结论，说秦九韶"所学虽高，不足以赎其贪污之罪也"。余嘉锡对清朝学者高度评价《数书九章》不以为然。他承认"九韶为人，不可谓无才"，却认为秦九韶之才"皆技术之末艺""虽能治天算，多技能，不过小人之才耳，何足道哉"，显示了他对"数学是一切科学的基础"这一常识的轻视。

此后，中国数学史学科奠基人之一的钱宝琮（1892—1974）仍然高度评价秦九韶的数学成就，但他也相信刘克庄、周密关于秦九韶的记载，认为"九韶为人阴险，为官贪暴……"[1]。20世纪下半叶，这种观点在中国数学史界一直占据主导地位。在笔者质疑这种看法之前，未见到任何异议。20世纪90年代，笔者重新考察了秦九韶的人品，先后撰写了《重新品评秦九韶》[2]《秦九韶——将数学进之于道》[3]等文，认为秦九韶是一位具有实事求是的科学精神与创新精神的数学家，是一位关心国计民生、体察民间疾苦、主张施行仁政、支持抗战的正直官吏，是一位把数学作为实现上述理想的有力工具的学者。

笔者认为，要评价秦九韶的人品，首先应该依据他撰写的《数书九章》，特别是其中的《数书九章·序》。可是，人们往往不厌其烦地引用刘克庄、周密诬蔑秦九韶的言论，而对《数书九章·序》却吝于笔墨，除"数与道非二本"和"数术之传，以实为体"等少数文字外，其他的论述很少引用。尤其是《数书九章·序》中的九段精彩的"系"，长期以来没有引起人们的足够重视。有的著作尽管比较详细地介绍了秦九韶的数学成就，并做了中外比较，不知为什么，却不加说明地删节了《数书九章·序》的二百余字，其中包括"数术之传，以实为体""苍姬井之，仁政攸在""吏缘为欺，上下俱殚""师中之吉，惟智、仁、

---

[1]钱宝琮著《秦九韶〈数书九章〉研究》，收入钱宝琮等著《宋元数学史论文集》，北京：科学出版社，1966。又收入郭书春、刘钝等主编《李俨钱宝琮科学史全集（第9卷）》，沈阳：辽宁教育出版社，1998。

[2]郭书春著《重新品评秦九韶》，收入姜锡东主编《宋史研究论丛（10）》，保定：河北大学出版社，2015。又收入郭书春主编《郭书春数学史自选集：下册》，济南：山东科学技术出版社，2018。

[3]郭书春著《秦九韶——将数学进之于道》，收入李醒民主编《科学巨星（6）》，西安：陕西人民教育出版社，1995。又收入郭书春著《论中国古代数学家》，北京：海豚出版社，2017。

勇"等重要文字①。实际上，正是《数书九章·序》体现了秦九韶的为人、为官之道。他强烈反对官府和豪强的横征暴敛，主张施仁政，主张抗金、抗蒙，其呼吁当权者施仁政的思想贯穿于整个《数书九章》，特别是他的自序之中。

应当指出，人们往往只是从刘克庄、周密的文字出发，而忽视了当时的社会背景：秦九韶与刘克庄、周密都生活于南宋末年，蒙古大军灭亡南宋的前夕。南宋末年，有几个重大的社会问题是不容忽视的。

首先，南宋末年，政治非常黑暗，吏治异常腐败。此时，朝廷中出现的弹劾官员的奏状多数不会是公正的。因此，包括刘克庄的《缴秦九韶知临江军奏状》在内的奏状，我们是不宜轻易相信的，必须具体分析。

其次，偏安江南的南宋统治集团中主战、主和两派的斗争，在蒙古大军强大的武力打击下更加激烈，在13世纪50年代末发展到你死我活的境地，最突出的就是以贾似道为首的投降派和以吴潜为首的主战派之间的斗争。刘克庄、周密与秦九韶都深深地卷入了这两个派系的斗争。刘克庄是南宋末年著名文学家，但是他晚年投靠贾似道，任中书舍人，主管中书后省，专门负责为贾似道起草、保管文书，陷害忠良，中国文学史界也认为这是刘克庄晚年的"污点"②。刘克庄的《缴秦九韶知临江军奏状》是宋理宗（1205—1264）、贾似道打击以吴潜为首的主战派的活动的一部分。与刘克庄、秦九韶相比，周密是晚辈。他是贾似道的门人，这也是他的污点。遗憾的是，贾似道败亡后，周密并没有完全摆脱贾府的影响。因此，他的笔记对正直人士常常表示不满，陆心源说他"著书谤正人"，是有道理的。显然，刘克庄把持的中书后省炮制的一些奏状，不仅不可能实事求是，而且很大程度上是颠倒黑白、罗织罪名。而以这类奏状作为评判一个人的依据，并与周密笔记相互印证，不言而喻，是缺乏起码的客观性、公正性的。

再次，刘克庄、周密与秦九韶是政敌。政敌的指责是不能轻易相信的。

另外，刘克庄和周密都是贾似道阵营中的人，他们对秦九韶有基本相同的看法，是毫不奇怪的。他们的话能够相互印证，说明不了问题。余嘉锡等承认刘克庄之奏是秉承贾似道的旨意，"其用心本不出于公"，但是他以周密之书为

---

① 沈康身主编《中国数学史大系：两宋卷》，北京：北京师范大学出版社，2000。
② 游国恩、王起等主编《中国文学史（二）》，北京：人民文学出版社，1963。

"证"，相信刘克庄对秦九韶的指责，这是不合适的。

总之，我们无法根据刘克庄、周密的言论而断定秦九韶的人品是有问题的。在没有贾似道、吴潜两派之外的第三者资料的情况下，秦九韶的自述比刘克庄、周密的文字更为可信。

如果认真读一下《数书九章·序》，尤其是其中的九段"系"，与刘克庄、周密描绘的截然相反的秦九韶形象便会展现在我们面前。笔者认为，九段"系"没有引起重视是对秦九韶长期没有正确评价的重要原因。本此，加之秦九韶自序用典甚多，今人比较难以读懂，我们将秦九韶的《数书九章·序》及其注释置于本书的正文之首。同时，为向今人更好地介绍秦九韶其人其事，本书不同于学术书，而是采用了较为通俗的表现手法。

自20世纪80年代以来，秦九韶的研究受到国内学者的空前重视。1987年5月，北京师范大学召开了秦九韶《数书九章》成书740周年纪念暨学术研讨国际会议。2000年11月，秦九韶的故乡——四川省安岳县建立了秦九韶纪念馆，笔者与李迪（1927—2006）教授应邀前往协助布展，接着在12月初召开了秦九韶国际学术研讨会。2004年4月，在秦九韶完成《数书九章》的居住地——浙江省湖州市举行了全国秦九韶学术研讨会，笔者应邀前往安排会议。2007年10月，中国数学会在四川省成都市举行了纪念秦九韶诞辰800周年活动。

中共安岳县委宣传部原部长杨国选同志在退休后致力于秦九韶的研究，他走遍四川各地、长江流域和杭州、湖州等地，钻研各地地方志等古籍，收集有关秦九韶的民间故事，考察有关古迹，据此重新确定了秦九韶的生卒年和重要活动，撰成《秦九韶生平考》[1]，是对秦九韶研究的重大贡献。

本书在撰写中得到了中国科学院自然科学史研究所图书馆及高峰、于秀源、邹大海、杨国选、侯钢、刘飞、郑诚等先生的帮助，天地出版社副总编辑漆秋香、编辑蔡龙英为本书的出版竭心尽力，特此一并表示衷心感谢！

周向宇院士百忙之中为拙作撰序，为本书增色，秦九韶地下有知，也会舞之蹈之！

---

[1]杨国选著《秦九韶生平考》，成都：四川大学出版社，2017。

1998年10月，在武汉召开的国际数学史学术讨论会上，秦九韶的故乡——四川省安岳县安岳中学吴校长约笔者为即将兴建的秦九韶纪念馆写几个字。10月23日，笔者在给吴校长的信中，凑了两句话40个字。2000年11月，笔者应邀为秦九韶纪念馆开馆组织布展时，又改了几个字。这两句话是：

　　　　小经世务，理财行仁，知兵才高，百世流芳，《数书》镜鉴；
　　　　大顺性命，通数进道，忧国命蹇，千年沉冤，谁人评说？

数书九章序

明代藏书家赵琦美家钞本秦九韶《数书九章·序》书影

四川省安岳县秦九韶纪念馆一角

中国科学院院士、中国工程院院士
路甬祥题写的"秦九韶纪念馆"

四川省安岳县秦九韶纪念馆正殿的秦九韶雕像

四川省安岳县秦九韶广场镌刻的秦九韶《数书九章·序》

南京北极阁气象博物馆的秦九韶雕像

秦九韶《数书九章·序》及其注释[①]

　　秦九韶是中国古典数学最后一个高潮——宋元数学的主要代表人物之一。他于南宋淳祐七年（1247）九月在浙江湖州完成了杰作《数书九章》，其中关于一次同余方程组解法的大衍总数术和高次方程数值解法的正负开方术，超前其他文化传统数百年。他的《数书九章·序》是中国数学史上十分重要的文献。可是，由于古今汉语的差异，加之秦九韶学识渊博，用典甚多，其中有的词语今已不常用，这就增加了今人阅读的困难。而且，20世纪80年代以前的中国数学史研究对《数书九章·序》的主体部分比较重视，而对后面的九段"系"文基本上略而不论。实际上，这九段"系"文不仅表现了秦九韶具有实事求是的科学精神与创新精神，关心国计民生的政治抱负，反对官府豪强对贫苦人民的剥削、主张施仁政的爱民情怀，支持抗金、抗蒙战争的主战思想，以及将数学看成实现上述理想的有力工具的思想，也是反驳政敌刘克庄、周密等对他的诋毁的有力证据。近年来，一些著作中引用了秦九韶的《数书九章·序》，并进行了翻译。但不知为什么，有的著述在引用中不加说明地做了大量删节[②]，有的翻译亦有若干不准确或望文生义之处。因此，笔者不揣浅陋，试着进行注释。其中一定会有疏漏或错误之处，敬请方家指正。《数书九章·序》的原文以明代藏书家赵琦美家钞本为底本，以《四库全书》文津阁本、文渊阁本、宜稼堂本参校。

　　周教六艺[③]，数实成之[④]，学士大夫所从来尚矣[⑤]。其用本太虚生一[⑥]，而周流无穷[⑦]：大则可以通神明[⑧]，顺性命[⑨]；小则可以经世务[⑩]，类万物[⑪]。讵容以浅近窥哉[⑫]？若昔推策以迎日[⑬]，定律而知气[⑭]，髀矩浚川[⑮]，土圭度晷[⑯]，天地之大，囿焉而不能外[⑰]，况其间总总者乎[⑱]？爰自河图、洛书[⑲]，闿发幽秘[⑳]，八卦九畴[21]，错综精微[22]，极而至于大衍皇极之用[23]，而人事之变无不该[24]，鬼神之情莫能隐矣[25]。圣人神之[26]，言而遗其粗[27]；常人昧之[28]，由而莫之觉[29]。要其归[30]，则数与道非二本也[31]。

汉去古未远，有张苍[32]、许商[33]、乘马延年[34]、耿寿昌[35]、郑玄[36]、张衡[37]、刘洪之伦[38]，或明天道而法传于后[39]，或计功策而效验于时[40]。后世学者自高，鄙之不讲[41]，此学殆绝[42]。惟治历畴人能为乘除[43]，而弗通于开方衍变[44]。若官府会事[45]，则府史一二紊之[46]，筹家位置素所不识[47]，上之人亦委而听焉[48]。持筹者惟若人[49]，则鄙之也宜矣[50]。呜呼！乐有制氏[51]，仅记铿锵[52]，而谓与天地同和者[53]，止于是可乎[54]？

今数术之书尚三十余家[55]。天象、历度谓之缀术[56]，太乙[57]、壬[58]、甲谓之三式[59]，皆曰内算[60]，言其秘也[61]。《九章》所载[62]，即周官九数[63]，系于方圆者为叀术[64]，皆曰外算[65]，对内而言也。其用相通，不可歧二[66]。独大衍法不载《九章》[67]，未有能推之者[68]，历家演法颇用之[69]，以为方程者，误也[70]。且天下之事多矣，古之人先事而计，计定而行，仰观俯察[71]，人谋鬼谋[72]，无所不用其谨。是以不愆于成[73]，载籍章章可覆也[74]。后世兴事[75]，造始鲜能考度[76]。浸浸乎天纪人事之睟缺矣[77]，可不求其故哉[78]？

九韶愚陋[79]，不闲于艺[80]。然早岁侍亲中都[81]，因得访习于太史[82]，又尝从隐君子受数学[83]。际时狄患历岁遥塞[84]，不自意全于矢石间[85]，尝险罹忧[86]，荏苒十祀[87]，心槁气落[88]，信知夫物莫不有数也[89]。乃肆意其间[90]，旁诹方能[91]，探索杳渺[92]，粗若有得焉[93]。所谓"通神明，顺性命"，固肤末于见[94]；若其小者，窃尝设为问答以拟于用[95]。积多而惜其弃，因取八十一题，厘为九类[96]，立术具草[97]，间以图发之[98]，恐或可备博学多识君子之余观[99]。曲艺可遂也[100]，愿进之于道[101]。倘曰艺成而下[102]，是惟畴人府史流也[103]，乌足尽天下之用[104]，亦无懵焉[105]。

时淳祐七年九月鲁郡秦九韶叙[106]

且系之曰[107]：

昆仑旁礴[108]，道本虚一[109]。圣有大衍[110]，微寓于《易》[111]。奇余取策[112]，群数皆捐[113]。衍而究之[114]，探隐知原[115]。数术之传，以实为体[116]。其书《九章》，唯兹弗纪[117]。历家虽用，用而不知[118]。小试经世[119]，姑推所为[120]。述大衍第一[121]。

七精回穹^⑫，人事之纪^⑫。追缀而求，宵星昼昬^⑭。历久则疏，性智能革^⑯。不寻天道^⑰，模袭何益？三农务穑，厥施自天^⑱。以滋以生，雨膏雪零^⑲。司牧闵焉^{⑬①}，尺寸验之^{⑬②}。积以器移^{⑬③}，忧喜皆非。述天时第二^{⑬④}。

魁隗粒民^{⑬⑤}，甄度四海^{⑬⑥}。苍姬井之^{⑬⑦}，仁政攸在^{⑬⑧}。代远庶蕃^{⑬⑨}，垦菑日广^{⑭⓪}。步度庀赋^{⑭①}，版图是掌^{⑭②}。方圆异状^{⑭③}，袤窊殊形^{⑭④}。更术精微^{⑭⑤}，孰究厥真^{⑭⑥}。差之毫厘，谬乃千百^{⑭⑦}。公私共弊，盍谨其籍^{⑭⑧}。述田域第三^{⑭⑨}。

莫高匪山，莫浚匪川^{⑮⓪}。神禹莫之^{⑮②}，积矩攸传。智创巧述，重差夕桀^{⑮④}。求之既详，揆之罔越^{⑮⑤}。崇深广远，度则靡容^{⑮⑦}。形格势禁，寇垒仇墉^{⑮⑨}。欲知其数，先望以表^{⑯⓪}。因差施术^{⑯①}，坐悉微渺^{⑯②}。述测望第四^{⑯③}。

邦国之赋^{⑯④}，以待百事^{⑯⑤}。畡田经入^{⑯⑥}，取之有度。未免力役^{⑯⑦}，先商厥功^{⑯⑧}。以衰以率^{⑯⑨}，劳逸乃同^{⑰⓪}。汉犹近古，税租以筭^{⑰①}。调均钱谷，河菑之扞^{⑰②}。惟仁隐民，犹己溺饥^{⑰④}。赋役不均，宁得勿思^{⑰⑤}。述赋役第五^{⑰⑥}。

物等敛赋^{⑰⑦}，式时府庾^{⑰⑧}。粒粟寸丝，褐夫红女^{⑰⑨}。商征边籴，后世多端^{⑱⓪}。吏缘为欺^{⑱②}，上下俱殚^{⑱③}。我闻理财，如智治水^{⑱⑤}。澄原浚流，维其深矣^{⑱⑥}。彼昧弗察^{⑱⑦}，惨急烦刑^{⑱⑧}。去理益远^{⑱⑨}，吁嗟不仁^{⑲⓪}。述钱谷第六^{⑲①}。

斯城斯池^{⑲②}，乃栋乃宇^{⑲③}，宅生寄命^{⑲④}，以保以聚^{⑲⑤}。鸿功雉制^{⑲⑥}，竹个木章^{⑲⑦}。匪究匪度^{⑲⑧}，财蠹力伤^{⑲⑨}。围蔡而栽^{②⓪⓪}，如子西素^{②⓪①}。匠计灵台，俾汉文惧^{②⓪②}。惟武图功，惟俭昭德^{②⓪④}。有国有家^{②⓪⑤}，兹焉取则^{②⓪⑥}。述营建第七^{②⓪⑦}。

天生五材^{②⓪⑧}，兵去未可^{②⓪⑨}。不教而战^{②①⓪}，维上之过^{②①①}。堂堂之阵，鹅鹳为行^{②①③}。营应规矩^{②①④}，其将莫当^{②①⑤}。师中之吉^{②①⑥}，惟智、仁、勇^{②①⑦}。夜筭军书，先计攸重^{②①⑨}。我闻在昔，轻则寡谋。殄民以幸^{②②①}，亦孔之忧^{②②②}。述军旅第八^{②②③}。

日中而市^{②②④}，万民所资。贾贸墆鬻^{②②⑥}，利析锱铢^{②②⑦}。踊财役贫^{②②⑧}，封君低首^{②②⑨}。逐末兼并^{②③⓪}，非国之厚^{②③①}。述市易第九^{②③②}。

［注释］

①本文根据2004年4月发表于《湖州师范学院学报》第26卷第1期第35~44页的《秦九韶〈数书九章·序〉注释》（原文已收入郭书春主编《郭书春数学史自选集：下册》，济南：山东科学技术出版社，2018）改写而成，主要是将原来的以字词为主的注解改为以分句、短语为主，因而合并了大部分注解；同时修改了部分注解并补充了一些新的注解，又根据不久前编纂定稿的《中国大百科全书》之《数学卷》《科学技术史卷》，将"中国传

统数学"改为"中国古典数学"。另外，原来是以宜稼堂本为底本，这次改为以明代赵琦美家钞本为底本，以《四库全书》文津阁本、文渊阁本、宜稼堂本参校。

②如北京师范大学出版社2000年出版的《中国数学史大系：两宋卷》中，不加说明地删去了《数书九章·序》正文中的"圣人神之，言而遗其粗；常人昧之，由而莫之觉。要其归，则数与道非二本也""呜呼！乐有制氏，仅记铿锵，而谓与天地同和者，止于是可乎""太乙、壬、甲谓之三式""即周官九数""后世兴事，造始鲜能度数。浸浸乎天纪人事之殽缺矣，可不求其故哉"等语，以及许商、乘马延年两位数学家的名字，凡98字；在九段"系"中，删去了"昆仑旁礴，道本虚一""数术之传，以实为体""其书《九章》，唯兹弗纪""以滋以生""积以器移，忧喜皆非""魁隗粒民，甄度四海。苍姬井之，仁政攸在""夕桀""既详，揆之罔越""形格势禁""以待百事。咳田经入""吏缘为欺，上下俱弹""有国有家，兹焉取则""营应规矩，其将莫当。师中之吉，惟智、仁、勇"等语，凡104字。两者合计202字。尤其文中删去了反映秦九韶数学思想的"数与道非二本""可不求其故哉""数术之传，以实为体"等名句及两处关于施仁政的文字，个中原因没有说明，令人费解。

③周：指周公，即姬旦，西周初年政治家。协助武王灭商，武王死，辅佐成王。他制礼作乐，建立西周的典章制度。一说"周"指周代。三国魏景元四年（263）刘徽《九章算术注·序》说"周公制礼而有九数"。六艺：西周贵族学校教育的六项内容，起源于夏、商。《周礼·地官·大司徒》云："以乡三物教万民，而宾兴之。……三曰'六艺'：礼、乐、射、御、书、数。"《周礼·地官·保氏》云："保氏掌谏王恶而养国子以道，乃教之六艺：一曰五礼，二曰六乐，三曰五射，四曰五驭，五曰六书，六曰九数。"

④数：九数，指数学、算学。东汉郑玄（127—200）《周礼注》云："数，九数之计。"唐贾公彦《周礼疏》云："九数者，先郑云：'方田、粟米、差（cī）分、少广、商功、均输、方程、赢不足、旁要。'此《九章》之术是也。彼注又云：'今有重差、夕桀、勾股。'"先郑即东汉大司农郑众（？—83），经学家。郑玄《周礼注》又引郑众语曰："九数：方田、粟米、差分、少广、商功、均输、方程、赢不足、旁要。今有重差、夕桀、勾股也。"贾公彦《周礼疏》云："云'九数'者，'方田'已下，皆依《九章算术》而言。云'今有重差、夕桀、勾股'，此汉法增之。马氏注以为'今有重差、夕桀'，夕桀亦是算术之名，与郑异。案今《九章》以勾股替旁要，则旁要、勾股之类也。"由此知郑玄注原无"夕桀"。唐孔颖达《礼记疏》云："'九数：方田、粟米、差分、少广、商功、均输、方程、赢不足、旁要。今有重差、夕桀、勾股'，然五礼、六乐之等皆郑康成所注。其五射以下郑司农所解。但'九数'之名，书本无误。儒者所解：方田一、粟米二、差分三、少广四、商功五、均输六、方程七、赢不足八、旁要九。云'今有重差、夕桀、勾股'者，郑司农指汉时，云今世于'九数'之内有重差、勾股二篇。其'重差'即与旧数'差分'一也。去旧数'旁要'，而以'勾股'替之，为汉之'九数'，即今之《九章》也。先师马融、干宝等更云'今有、夕桀各为二篇'，未知所出。今依郑司农注《周礼》之数。"说"其'重差'即与旧数'差分'一也"，当然是错误的。成：齐备。《诗经·齐风·猗嗟》云："仪既成兮，终日射侯。"郑玄注曰："成，犹备也。"此谓数学使六艺齐备了。

⑤学士：在学之士，学者。古代指在国学读书的学生。《周礼·春官·乐师》云："帅学士而歌《彻》。"郑玄注曰："学士，国子也。"《仪礼·丧服》云："大夫及学士则知尊祖矣。"邹大海认为"学"字连上读。大夫：古职官名。周代在国君之下有卿、大夫、士三等，各等中又分上、中、下三级。后因以"大夫"为任官职者之称。明清废止。又是爵位名。如秦汉分爵位为公士、上造等二十级，其中大夫居第五级。来：《四库全书》文津阁本、文渊阁本讹作"事"。尚：尊崇。

⑥太虚：中国古代哲学的重要范畴，既指广大无边的空间，又指产生天地万物的始基和根源。《庄子·知北游》云："若是者外观乎宇宙，内不知乎大初，是以不过乎昆仑，不游乎太虚。"《淮南子·天文训》云："道始于虚霩，虚霩生宇宙，宇宙生气。"霩（kuò）：雨止云散；又同"廓"，广大，空阔。"虚霩"即是太虚。北宋张载提出"太虚即气"的重要命题，指出"太虚无形，气之本体，其聚其散，变化之客形尔""气之聚散于太虚，犹冰凝释于水"，认为气凝结则成为万物，气散开则化为太虚。南宋朱熹认为

太虚就是理。秦九韶在关于大衍类的"系"中说"道本虚一",可见他的思想接近《淮南子》。《老子》提出:"道生一,一生二,二生三,三生万物。"这是老子的宇宙生成说。古代数学家又将其看成数的产生过程。秦九韶显然受了《老子》与《淮南子》的影响,主张"太虚生一",并进而论述数学的作用。

⑦流:本义指水的移动,引申为流传,传播,后引申为品类,派别,等级。周流:谓周遍流行,遍及各地。《楚辞·离骚》云:"览相观于四极兮,周流乎天余乃下。"无穷:没有止境,没有限度。"周流无穷"阐发了道家的天地阴阳相生,阴阳循环,周而复始,无穷无尽的思想。

⑧《四库全书》文津阁本、文渊阁本无"则"字。神明:就是神,本来指主宰自然界和人类社会变化的神灵,后来演变为中国古代哲学中用以说明变化的术语。《管子·内业》认为精气"流于天地之间,谓之鬼神"。《周易·系辞下》云:"阴阳合德,而刚柔有体,以体天地之变,以通神明之德。"进而将通过事物的变化预测未来的能力称为神。《周易·系辞下》云:"阴阳不测之谓神。"其人格神的意义已相当弱,成为哲学术语。东汉张衡云:"阳气导物而生,故谓之神。"已没有人格神的意义。张载云:"气有阴阳,推行有渐为化,合一不测为神。"以气的运动变化的性能解释神。张载又云:"鬼神者,二气之良能也。"将神视为气运动变化的一种形式,扬弃了神有灵魂的含义。朱熹的看法与此类似。可见,在宋代,神明已成为用以说明世界运动变化性质的范畴。

⑨性命:指万物的天赋与禀受。《周易·乾》云:"乾道变化,各正性命。"孔颖达《礼记疏》云:"性者,天生之质。命者,人所禀受。"

⑩则可以:《四库全书》文津阁本、文渊阁本作"足以",两通。经:治理。《周礼·天官·大宰》云:"以经邦国。"

⑪类:像,似。《周易·系辞下》云:"(古者包牺氏)于是始作八卦,以通神明之德,以类万物之情。""类万物"是中国传统思想对数学作用的基本看法。刘徽《九章算术注》在引用了《系辞》的话之后接着说:"作九九之术,以合六爻之变。"将"通神明""类万物"作为数学的两项作用。《汉书·律历志》云:"数者,一、十、百、千、万也,所以算数事物,顺性命之理也。"不言而喻,秦九韶的"大者"由《系辞》和刘徽的"通神明"与《汉书》的"顺性命"构成,其"小者"的阐述,"类万物"就是《系辞》和刘徽的原话,而"经世务"则是通过"算数事物"实现的。

⑫讵(jù):岂,怎么,难道,表示反问。《说文解字》云:"讵,犹岂也。"《四库全书》文津阁本、文渊阁本讹作"距"。窥:从小孔或隙缝中看。这里指看待。

⑬推:推求,计算。《淮南子·本经》云:"星月之行,可以历推得也。"《汉书·王莽传下》云:"六年春,莽见盗贼多,乃令太史推三万六千岁为纪。"策:筹策。筹,算筹。清段玉裁《说文解字注》云:"策犹筹,筹犹算。"《老子》云:"善数不用筹策。""推策"就是使用算筹计算。迎:预测,推算。迎日:推算日月朔望。《史记·五帝本纪》云:"(黄帝)获宝鼎,迎日推策。"南朝裴骃《史记集解》曰:"瓒曰:'日月朔望未来而推之,故曰迎日。'"

⑭律:古代用来校正乐音标准的管状仪器。以管的长短来确定音阶。从低音算起,成奇数的六个管叫律,成偶数的六个管叫吕,统称十二律。进而引申为音律、乐律。知:《四库全书》文津阁本、文渊阁本作"和"。气:节气,节候。一年为二十四气。《黄帝内经·素问·六节藏象论》云:"五日谓之候,三候谓之气,六气谓之时,四时谓之岁。"

⑮髀(bì):本义为股,大腿,引申为测量日影的表。《周髀算经》卷上云:"周髀长八尺,夏至之日晷一尺六寸。髀者,股也。正晷者,句也。"《晋书·天文志上》云:"髀,股也。股者,表也。"矩:画直角或方形的曲尺。《周髀算经》卷上商高云:"圆出于方,方出于矩,矩出于九九八十一。"三国吴赵爽注曰:"方正之物,出之以矩。矩广,长也。"《四库全书》文津阁本、文渊阁本讹作"距"。浚:疏通河道、沟渠。《尚书·舜典》云:"封十有二山,浚川。"孔安国传曰:"(州)有流川,则深之使通利。"又指深。《尔雅·释言》云:"浚,深也。"

⑯土圭:测望之表。《周礼·地官·大司徒》云:"以土圭之法测土深,正日景,以求地中。"郑玄注曰:"土圭所以致四时日月之景也。"《周礼·地官·大司徒》又云:"以土圭土其地而制其域。"郑玄注曰:"土其地,犹言度其地。郑司农云,土其地,但为正

四方耳。"晷（guǐ）：日影。《周髀算经》卷上云："周髀长八尺，夏至之日晷一尺六寸。"赵爽注曰："晷，影也。"又指日晷，是一种测日影以定时刻的仪器。

⑰囿（yòu）：《说文解字》云"囿，苑有垣也"。引申为集聚，事物萃聚之处。汉司马相如《上林赋》云："游于六艺之囿。"焉：本义指一种鸟，但不知是什么鸟。后假借为许多意义。此处是指示代词，相当于"此"。《左传·僖公二十三年》云："羽毛齿革，则君地生焉。"囿焉：集聚于此。

⑱揔（zǒng）：古同"总"。《四库全书》文津阁本、文渊阁本、宜稼堂本作"总"。总揔：众多。《楚辞·九歌·大司命》云："纷总揔兮九州。"

⑲爰（yuán）：于是。张衡《思玄赋》云："将荅赋而不暇兮，爰整驾而亟行。"唐李善引旧注曰："爰，于是也。"爰自：于是从。晋陶渊明《命子》云："悠悠我祖，爰自陶唐。"河图、洛书：儒家关于《周易》和《尚书·洪范》两书来源的传说。《周易·系辞上》云："河出图，洛出书，圣人则之。"传说伏羲氏时，有龙马背负"河图"从黄河出，有神龟背负"洛书"从洛水出。伏羲氏据此画成八卦，就是后来《周易》的来源。一说大禹治水时，上帝赐他以《洪范九畴》（即《尚书·洪范》）。西汉刘歆认为此即洛书。北宋儒家用数字神秘主义注释《周易》，形成道学家的象数学。他们以天地生成数和九宫图（即三阶幻方）附会河图、洛书，但说法不一。北宋阮逸和南宋蔡元定、陈抟、朱熹等以天地生成数为河图，以九宫图为洛书。南宋刘牧等的看法则相反。

⑳閛（kǎi）：开启。《说文解字》云："閛，开也。"幽秘：赵琦美家钞本脱"幽"字，依《四库全书》文津阁本、文渊阁本校补。宜稼堂本校作"秘奥"。

㉑八卦：《周易》中的八种基本图形，用阳爻"—"和阴爻"--"两种符号，每卦由三爻组成，有☰（乾）、☳（震）、☱（兑）、☲（离）、☴（巽）、☵（坎）、☶（艮）、☷（坤）八卦，分别象征天、雷、泽、火、风、水、山、地。八卦两两相重，便成为六十四卦。八卦起源于原始宗教的占卜。《易传》认为它们象征天、地、雷、风、水、火、山、泽八种自然现象，而乾、坤两卦占有特别重要的地位，是自然界和人类社会一切现象的最初根源。畴：类。九畴：传说中天帝赐给禹治理天下的九类大法，即"洛书"。《尚书·洪范》云："天乃赐禹《洪范》九畴，彝伦攸叙。初一曰五行，次二曰敬用五事，次三曰农用八政，次四曰协用五纪，次五曰建用皇极，次六曰乂用三德，次七曰明用稽疑，次八曰念用庶征，次九曰向用五福、威用六极。"后泛指治理天下的大法。《汉书·五行志上》引箕子言曰："我闻在昔，鲧堙洪水，汩陈其五行。帝乃震怒，弗畀《洪范》九畴，彝伦攸斁（dù）。"唐颜师古注曰："畴，类也。九类即九章也。"因此，"九畴"在此可以理解为《九章算术》。

㉒错综：纵横交叉，交错配合，综合。宋陈善《扪虱新话·楚词春秋罗池碑错综成文》："《楚词》以'日吉'对'良辰'，以'蕙肴蒸'对'奠桂酒'。沈存中云：'此是古人欲错综其语，以为矫健故耳。'"沈存中即沈括（1031—1095）。精微：本义指食物精纯微小的部分。《灵枢·五味》云："谷始入于胃，其精微者，先出于胃之两焦，以溉五脏，别出两行，营卫之道。"这里指精深微妙。《礼记·经解》云："絜静精微，《易》教也。"《荀子·赋》云："大参乎天，精微而无形。"唐杨倞（jìng）注曰："言智虑大则参天，小则精微无形也。"东汉王充《论衡·奇怪》云："说圣者以为禀天精微之气，故其为有殊绝之知。"东晋袁宏《后汉纪·顺帝纪下》云："衡精微有文思，善於天文阴阳之数，由是迁太史令。"刘徽《九章算术注·序》云："用稽道原，然后两仪四象精微之气可得而效焉。"错综精微：八卦、《九章算术》纵横交错，精深微妙。

㉓极：本义指房屋的正梁，又叫脊檩（lǐn），即最高处的檩。因此"极"指最高处，引申指程度最高的；转指最顶端的，如地球的南北两端南极、北极。衍：演。大衍：用大数以演卦。《周易·系辞上》云："大衍之数五十，其用四十有九。"东晋韩伯康注曰："演天地之数，所赖者五十也。"孔颖达《礼记疏》引京房（前77—前37，西汉学者）云："五十者，谓十日、十二辰、二十八宿也。"后称五十为大衍之数。又，唐一行（？—727）制《大衍历》。皇极：古代谓帝王统治天下的准则。《尚书·洪范》云："皇极，皇建其有极。"又，隋刘焯（544—608）制《皇极历》。

㉔人事：指人的意识的对象，亦指人世间的事，如人力所能及的事。《孟子·告子上》云："虽有不同，则地有肥硗（qiāo），雨露之养、人事之不齐也。"指人情事理。《史

记·秦始皇本纪》云："是以君子为国，观之上古，验之当世，参以人事。"亦指人世间事。北宋郭茂倩编《乐府诗集·焦仲卿妻》云："自君别我后，人事不可量。"该：具备。《管子·小问》云："昔者天子中立，地方千里，四言者该也，何谓其寡也？"唐尹知章注曰："该，备也。"进而指包容，包括。《汉书·律历志上》云："该臧万物。"

㉕鬼神：中国古代的宗教观念和哲学术语。人死曰鬼。最初皆以鬼神为人格神。战国时一些哲学家以"精气"解释鬼神，《管子·内业》认为精气"流于天地之间，谓之鬼神"。《周易·系辞上》云："精气为物，游魂为变，是故知鬼神之情状。"王充说："阴气逆物而归，故谓之鬼；阳气导物而生，故谓之神。"认为人死无知，鬼神只是阴阳二气生化万物的性能，否认有人格神的性质。郑玄的看法与此类似。张载说："鬼神者，二气之良能也。"将鬼神视为气运动变化的两种形式，扬弃了鬼神有灵魂的含义。朱熹的看法与此类似："鬼神只是气，屈伸往来者气也。"可见，在宋代，鬼神已成为用以说明世界运动变化性质的范畴。

㉖圣人：指品德非常高尚、有智慧的人，有时专指孔子。神：本义指天神，泛指人们身体上的精神和虚无缥缈的神灵，引申为异乎寻常的，不可思议的，高深莫测的，奥妙无比的。《周易·系辞上》云："阴阳不测之谓神。"

㉗遗（wèi）：给予，赠予，留与。粗：本义是糙米，引申为略微，又引申为事物的表面现象，成为中国古代的哲学范畴。《庄子》云："可以言论者，物之粗也；可以意致者，物之精也。"此谓谈到这个问题时只给予粗略的解释。

㉘常人：平常的人。《庄子·人间世》云："采色不定，常人之所不违。"《史记·商君列传》云："常人安於故俗，学者溺於所闻。"昧：本义是天色将明未明之形，又可引申为暗昧、昏庸。

㉙莫：不，不要，又表示推测或反问。觉：本义是醒悟，明白，引申为发现，觉得，感觉。

㉚要：关键，纲要。《商君书·农战》云："故其治国也，察要而已矣。"要其归：关键的问题归于。

㉛道：中国古代哲学的重要范畴，用以说明世界的本原、本体、规律或原理。在不同的哲学体系中有不同的含义。老子是最先把道看成宇宙的本原和普遍规律的学者，他说："有物混成，先天地生，寂兮寥兮，独立而不改，周行而不殆，可以为天下母，吾不知其名，字之曰道。"而道生成天地万物的过程是"道生一，一生二，二生三，三生万物"。《管子·内业》发展了老子的思想，把道表述为无所不在而又富有生机活力的精气："凡道，无根无茎，无叶无荣。万物以生，万物以成，命之曰道。""精也者，气之精者也。气道乃生。"《周易·系辞上》中把一阴一阳的相互转化视为"道"："一阴一阳之谓道。"又把"道"视为无形的抽象规律，与有形的具体事物区别开来："形而上者谓之道，形而下者谓之器。"本：本义是草木的根，引申为事物的根本或根源。秦九韶这里是说，数学与道有同一个本源。

㉜张苍（？—前152）：阳武（今河南省原阳县东南）人，西汉初政治家、天文学家、数学家。先为秦御史，主柱下方书。后参加刘邦起义军，以功封北平侯，为计相，以善算命世，长于数学、天文、历法，领郡国上计。吕后时为御史大夫，与周勃等平诸吕之乱，立文帝，为丞相。享年百余岁。他信奉荀派儒学。刘徽记载，他与耿寿昌"以善算命世"，先后搜集因秦始皇焚书坑儒及秦末兵乱而散佚的《九章算术》遗残，整理《九章算术》。清中叶戴震否认张苍删补《九章算术》的事实，从此张苍未被列入著名数学家的行队，这是不公正的。

㉝许商：字长伯，长安（今陕西省西安市）人。汉成帝（前33—前7年在位）时任博士、将作大匠、河堤都尉、大司农等职。他"善为算，能度功用"，多次负责治河工程。著《许商算术》二十六卷，据关于他善《九章》的记载，此当是推衍《九章算术》的著作。

㉞乘马延年：与许商为同代人。汉成帝时为谏大夫。《汉书》云："商、延年皆明计算，能商功利。"河平三年（前26年）与许商一起治河。《四库全书》文津阁本、文渊阁本讹作"马延年"。

㉟耿寿昌：西汉经济学家、数学家、天文学家。汉宣帝（前74—前49年在位）时为大司农中丞，"善为算，能商功利"，提出设立常平仓的建议。刘徽记载，他"以善算命世"，

继张苍后，删补《九章算术》。主张浑天说。著《月行帛图》《月行度》，已亡佚。

㊱郑玄（127—200）：北海高密（今山东省）人。东汉末经学家、数学家、天文学家，是综合今、古文经学的大师。少学书数，通《三统历》《九章算术》，晚年向刘洪学习《乾象历》。徐岳、阚泽等是他的学生。玄：系赵琦美家钞本，《四库全书》文津阁本、文渊阁本原文，宜稼堂本避康熙名讳改作"元"。

㊲张衡（78—139）：字子平，南阳（今河南省）人。东汉科学家、文学家、画家。公元115年、126年两度为太史令，掌天时、星历。撰天文著作《灵宪》《浑天仪注》和数学著作《算网论》，后者已亡佚；还撰写了《西京赋》《东京赋》《归田赋》《四愁诗》等中国文学史上的名篇。制造了世界上第一台地震观测仪器——候风地动仪。

㊳刘洪（约140—206）：字元卓，泰山蒙阴（今山东省）人。东汉天文学家、数学家。任郎中，山阳、会稽太守。制《乾象历》，首次考虑月球运动的不均匀性，提出定朔算法。传《乾象历》于郑玄、徐岳等。从天目先生学习数学知识，又传于徐岳，后者因之撰《数术记遗》。伦：辈，同类。

㊴天道：与"人道"相对，指自然界的变化规律，《庄子·杂篇·庚桑楚》云："夫春气发而百草生，正得秋而万宝成。夫春与秋，岂无得而然哉？天道已行矣。"后来"天道"含有日月星辰等天体运行过程和用来推测吉凶祸福两个方面，不过，春秋之后后者开始动摇。

㊵计：计算，盘算，引申为考虑、谋划、商议、计谋、策略。《左传·昭公三十二年》云："己丑，士弥牟营成周，计丈数，揣高卑，度厚薄，仞沟洫，物土方，议远迩，量事期，计徒庸，虑财用，书糇粮，以令役于诸侯。"这里的"计"是计算。功：事功。《九章算术》有"冬程人功""春程人功""夏程人功""秋程人功"。计功策：就是"商功"，用算筹计算工作量。

㊶鄙：本义是郊野之处，引申为轻蔑，看不起，鄙薄。讲：讲求，重视。《论语·述而》云："德之不修，学之不讲，闻义不能徙，不善不能改，是吾忧也。"秦九韶这里的"鄙之不讲"当源于此，指鄙薄数学，所以不重视它。

㊷殆（dài）：本义是危险，引申为陷入困境，又引申为大概，几乎。《孟子》云："殆于不可。"绝：本义是断，引申为穷尽，不再接续。此学殆绝：数学几乎失传。

㊸惟：只有，仅仅，只是，希望，祈使等意思。畴人：历算学者。古代天文历算之学，有专人执掌，父子世代相传为业，称为"畴人"。《史记·历书》云："幽、厉之后，周室微，陪臣执政，史不记时，君不告朔，故畴人子弟分散。"朔（shuò）：农历的每月初一。因《历书》的内容是天文历算，故后世称历算学者为畴人。清嘉庆年间阮元（1764—1849）主持、李锐（1769—1817）等主笔编纂了《畴人传》，这是一部记述中国历代天算家学术活动的传记集，凡46卷。清道光年间罗士琳（1789—1853）撰《续畴人传》6卷，清光绪年间诸可宝（1845—1903）撰《畴人传三编》，后又有黄钟骏撰《畴人传四编》，皆是对《畴人传》的增补，提供了不少有用的资料，其科学史的价值也值得肯定。

㊹弗：不。开方：在中国古代，凡是求解一元方程的根的方法，都称为开方。《九章算术》在世界数学史上最先提出了开方术，经过刘徽等的发展，其开方程序与今之开方法无异。北宋贾宪创造增乘开方法，秦九韶以此为核心，创造了正负开方术。衍变：大衍总数术中的变换。大衍总数术是系统求解一次同余方程组的方法，它包括诸数的定义、将不两两互素的问数化为两两互素的定数的程序、求乘率的程序（即"大衍求一术"）、求率数（即答案）的程序四个部分。许多著述将其称为"大衍求一术"，这是有偏颇的。因为"大衍求一术"尽管是其相当重要的一部分，却不是其全部。

㊺会（kuài）：总计。《周礼·地官·泉府》云："岁终则会其出入，而纳其余。"郑玄注曰："会，计也。"会事：统计事功。《周礼·地官·县正》云："县正各掌其县之政令、征比……既役，则稽功会事而诛赏。"

㊻府史：古时管理财货、文书、出纳的小吏。《周礼·天官·序官》云："府六人，史十有二人。"郑玄注曰："府，治藏；史，掌书者。凡府、史，皆其官长所自辟除。"北宋司马光《知人论》云："谨盖藏，吝出纳，治文书，精会计，此府史之职也。"一二：犹"一一"。司马迁《报任少卿书》云："事未易一二为俗人言也。"絫（lèi）：《四库全书》文津阁本讹作"参"，堆叠，积聚。后作"累"。又是古代重量单位名。《汉书·律

历志》云："权轻重者不失黍絫。"《孙子算经》云："称之所起，起于黍。十黍为一絫。"府史一二絫之：府史之流没有起码的数学知识，只会通过一一累加进行计算。

㊼算家：算学家，数学家。宋沈括《梦溪笔谈·辩证一》云："阳燧照物皆倒，中间有碍故也。算家谓之'格术'。如人摇橹，臬为之碍故也。""筭"系赵琦美家钞本原文，《四库全书》文津阁本、文渊阁本、宜稼堂本改作"算"，下同，不再注。位置：安排，布置。此处指数学家用算筹布置算式。素：本义是没有经过加工的丝织品，引申为本色，白色，色彩单纯的，原有的，未加修饰的。作为副词，相当于"一向""向来"，引申为预先。《国语·吴语》云："天谋必素，见成事焉而后履之。"三国吴韦昭曰："素，犹豫也。"秦九韶在这里对官府里从事财会的人员没有起码的数学知识表示了强烈的不满。

㊽上之人：上面的人，掌权的人。唐韩愈《与于襄阳书》云："其故在下之人负其能不肯诣其上，上之人负其位不肯顾其下。"委：本义是顺从，引申为托付。焉：此处为指示代词，相当于"之""此"。《左传·僖公二十三年》云："羽毛齿革，则君地生焉。"上之人亦委而听焉：掌权的人对这样的人也委任、听任之。

㊾筭：算筹。若：本义是顺从，引申为应允，答应，又引申为如同，好像，进而又引申为及，达到。持筭者惟若人：拿着算筹进行计算的只是如同这样的人。

㊿宜：合适，适当，适合于，应当，应该。鄙之也宜矣：鄙视他们是应该的。

51乐（yuè）：音乐。《礼记·乐记》云："乐者，音之所由生也。"制：姓氏。《汉书·礼乐志》云："乐家有制氏。"东汉服虔曰："鲁人也，善乐事也。"乐有制氏：音乐领域有制氏。

52铿锵（kēng qiāng）：形容乐器声音响亮有力，也用于形容人声洪亮或深沉坚定。《汉书·张禹传》云："优人筦弦铿锵极乐，昏夜乃罢。"宜稼堂本讹作"锵锵"。

53同和：彼此和谐，相互协和。与天地同和：与天地相和谐。语出《礼记·乐记》："大乐与天地同和。"

54止：其古字形模拟人足，本义是足，引申为至，临，再引申为停止，静止，进一步引申为停留。止于是可乎：停留于此怎么能行呢？

55数：气数。术：方法。数术：又称术数，是以种种方术观察自然界的现象，推测个人和国家的气数和命运。《汉书·艺文志》数术类列天文、历谱、五行、蓍（shī）龟、杂占、形法六种，并云："数术者，皆明堂羲和史卜之职也。"其历谱包括数学著作。可见数术实际上含有两大内容，一是天文、历法、数学，一是星占、卜筮、六壬、奇门遁甲、命相、拆字、起课、堪舆等数字神秘主义和迷信的东西。秦九韶的数术明显包含这两大内容。这三十余位著书立说的数学家现已无法考察。

56缀术：本是南朝宋齐大科学家祖冲之（429—500）的一部重要数学著作，一作祖冲之之子祖暅之作，一作祖冲之、祖暅之合作。因隋唐算学馆学官"莫能究其深奥，是故废而不理"，遂失传。秦九韶《数书九章》中有"缀术推星"题，是关于天象的数学问题。秦九韶没有读过祖冲之的《缀术》，他将天象、历度视为缀术，是否符合祖冲之原意，不得而知。

57太乙：又作太一，太一家。古代数术流派之一。《史记·日者列传》（褚少孙）言曰："孝武帝时，聚会占家问之，某日可取妇乎？五行家曰可，堪舆家曰不可，建除家曰不吉，丛辰家曰大凶，历家曰小凶，天人家曰小吉，太一家曰大吉。辩讼不决，以状闻。"

58壬：六壬的简称。运用阴阳五行占卜凶吉的方法之一。五行（水、火、木、金、土）以水为首；天干（甲、乙、丙、丁、戊、己、庚、辛、壬、癸）中，壬、癸属水，壬为阳水，癸为阴水，舍阴取阳，故名壬；六十甲子中，壬有六个（壬申、壬午、壬辰、壬寅、壬子、壬戌），故名六壬。六壬共有七百二十课，一般总括为六十四课。六壬占术在汉代已有记载，《隋书·经籍志·五行》著录有《六壬释兆》《六人式经杂占》。

59甲：奇门遁甲的简称。古代数术流派之一，用以推算吉凶祸福，趋吉避凶。以"乙、丙、丁"为"三奇"，以八卦的变相"休、生、伤、杜、景、死、惊、开"为"八门"；天干中"甲"最尊贵而不显露，"六甲"常隐藏于"戊、己、庚、辛、壬、癸"这"六仪"之内，三奇、六仪分布九宫，而"甲"不独占一宫，故名"遁甲"。三式：数术家将遁甲、太乙、六壬称为三式。《唐六典》卷十四云："太卜令掌卜筮之法，以占邦家动用之事……凡式，占辨三式之同异。"原注："一曰雷公式；二曰太乙式，并禁私家畜；三曰六壬式，士庶通用之。"

⑥内算：指太乙、壬、甲等象数学的内容，具有数字神秘主义色彩。

⑥秘：不公开的，难测知的。

⑥《九章》：即《九章算术》，中国古典数学最重要的经典，张苍、耿寿昌在先秦遗文基础上删补而成。凡上百条抽象性术文，246道例题，分为方田、粟米、衰分、少广、商功、均输、盈不足、方程、勾股等九章，在分数和分数四则运算、比例和比例分配、盈不足术、开方术、方程术（即线性方程组）解法、损益术（即列方程的方法）、正负术（即正负数加减法则）、解勾股形特别是勾股数组通解公式等方面走在了世界的前面，奠定了中国数学在此后1500多年间领先世界的基础，其算法具有构造性和机械化的特征。刘徽注《九章算术》，提出了若干数学定义，以演绎逻辑为主要方法全面证明了《九章算术》的公式、解法，奠定了中国古典数学的理论基础，将极限思想和无穷小方法引入数学证明，更是世界数学史上的首创。

⑥即：《四库全书》文津阁本、文渊阁本讹作"及"。周官：关于周代典章制度的著作，后通常写作《周礼》。儒家经典之一。古文经学家认为是周公所作，今文经学家认为出于战国，也有人指为刘歆伪造。近人从周秦铜器铭文所载官制，参证该书中的政治、经济制度和学术思想，定为战国时作品。

⑥叀（zhuān）术：秦九韶将"系于方圆者"称为"叀术"，其说不详。叀：通"专"，《四库全书》文津阁本、文渊阁本作"专"。一义为纺砖，一义为小谨。《说文解字》云："叀，小谨也。"元李冶（1192—1279）《测圆海镜》中将最小的勾股形称为叀勾股形。又指悬挂。《汉书·游侠传·陈遵》云："一旦叀碍。"颜师古注曰："叀，悬也。"

⑥外算：相对于"内算"而言，指以《九章算术》为代表的密切联系人们生活、生产实际的数学方法。

⑥歧：正式的或正当途径以外的其他途径。歧二：正当途径以外的第二条途径。秦九韶在这里批评了只重视象数学而鄙视密切联系生活、生产实际的数学的错误倾向。

⑥大衍法：即大衍总数术。《九章算术》中没有这种方法。

⑥未有能推之者：没有人会求解大衍总数术即一次同余方程组。

⑥颇：表示程度，相当于"很"或"略微"。颇用：经常用。北宋刘敞《种蔬二首（其一）》云："虽微生平故，颇用愧其心。"历家演法颇用之：制定历法需要计算上元积年，要经常用到大衍总数术。

⑦方程：即线性方程组。《九章算术》在世界数学史上最先提出了方程术即线性方程组解法。方程的本义是并而程之。方：并也。《说文解字》云："方，并船也。像两舟，省总头形。"程：本义是度量名，引申为事务的标准。自明之后，直到20世纪，关于方程的含义多所误解，比如将"方"理解成方形，方阵，正，比，比方等。1859年，李善兰（1811—1882）与传教士伟烈亚力（A. Wylie，1815—1887）合译棣么甘（De Morgen，1806—1871）的《代数学》时，将equation译作"方程"。1872年，华蘅芳（1833—1902）与传教士傅兰雅（J. Fryer，1839—1928）合译华里司（William Wallace，1768—1843）的《代数术》时，将equation译作"方程式"。1934年，数学名词委员会确定用"方程（式）"表示equation，用"线性方程组"表示中国古代的"方程"。1956年，科学出版社出版的《数学名词》中去掉了"式"字，最终改变了"方程"的本义。秦九韶这里是说，许多人将大衍总数术看成方程，这是错误的。

⑦仰观俯察：语出《周易·系辞上》："仰以观于天文，俯以察于地理，是故知幽明之故。"

⑦人谋：与众人商议谋划。鬼谋：占卜吉凶。《易·系辞》云："人谋鬼谋，百姓与能。"三国魏王弼注曰："人谋，况议于众以定失得也。"孔颖达《礼记疏》云："卜筮于鬼神，以考其吉凶，是与鬼为谋也。"

⑦愆（qiān）：超过，罪过，过失，错过。《说文解字》云："愆，过也。"《左传·宣公十一年》云："令尹蒍（wěi）艾猎城沂，使封人虑事，以授司徒。量功命日，分财用，平板乾，称畚（běn）筑，程土物，议远迩，略基趾，具糇粮，度有司，事三旬而成，不愆于素。"魏晋杜预注曰："不过素所虑之期也。"成：既定的，现成的。《荀

子·解蔽》曰："一家得周道，举而用之，不蔽于成绩也。"

⑦⑭载籍：书籍。《史记·伯夷列传》云："夫学者载籍极博，犹考信于六艺。"章章：同"彰彰"，清楚，明显。覆：审察。《尔雅·释诂下》云："覆，审也。"《周礼·考工记·弓人》云："覆之而角至，谓之句弓。"郑玄注曰："覆，犹察也。"

⑦⑮兴事：兴建政事。《尚书·益稷》云："率作兴事，慎乃宪，钦哉。"孔颖达《礼记疏》云："率领臣下为起政治之事。"又指兴建土木之事。《礼记·王制》云："司空执度度地……量地远近，兴事任力。"郑玄注曰："事谓筑邑庐宿市也。"

⑦⑯造：开始，起始。东汉曹操《为张范下令》云："闻张子颇欲学之，吾恐造之者富，随之者贫也。"造始：开始，初始。三国魏阮籍《乐论》云："故造始之教谓之风，习而行之谓之俗。"鲜（xiǎn）：少。《集韵》云："息浅切，少（shǎo）也。如鲜为人知，寡廉鲜耻。"考度：考虑估计。《晋书·杜预传》云："凡所兴造，必考度始终，鲜有败事。"

⑦⑰浸浸：渐渐。《汉书·酷吏传·严延年》云："浸浸日多，道路张弓拔刃，然后敢行。"又形容程度深。唐尚颜逸句："浸浸三楚白，渺渺九江寒。"秦九韶这里用前者之意。天纪：上天之纪纲，亦借指国家法纪。汉扬雄《博士箴》云："秦作无道，斩决天纪。"又为星官名，属天市垣，共九星。《晋书·天文志》云："天纪九星，在贯索东。"殽（xiáo）：后作"淆"，混杂，杂乱。《说文解字》云："殽，相杂错也。"

⑦⑱可不：岂不，难道不。故：原因，理由。其说法源于《墨经·经上》："故，所得而后成也。"

⑦⑲愚陋：愚钝，浅陋。秦九韶自谦语。《楚辞·九辩》云："性愚陋以褊浅兮，信未达乎从容。"东汉王逸注曰："姿质鄙钝，寡所知也。"

⑧⓪闲：通"娴"，熟练，熟悉。《尔雅·释诂下》云："闲，习也。"艺：本义指种植，引申为技艺，才能。《尚书·金縢》云："予仁若考，能多材多艺，能事鬼神。"后来指六艺：礼、乐、射、御、书、数六种古代教学科目或儒家六种经典。《礼记·学记》云："不兴其艺，不能乐学。"秦九韶这里是用自谦语，表示对礼、乐、射、御、书、数六艺不熟悉。

⑧①早岁：即秦九韶随乃父秦季槱（yǒu）在临安（今浙江省杭州市）时，即嘉定十二年（1219）[最迟在嘉定十五年（1222）]至宝庆元年（1225），秦九韶年11~17岁间。中都：京都，指南宋首都临安。

⑧②太史：官名。商末、西周、春秋时掌起草文书，记载史事，编写史书，兼管国家典籍、天文历法、祭祀等。秦汉设太史令，职位渐低。魏晋以后修史职务划归著作郎，太史仅掌推算历法。隋改称太史监，唐改为太史局。宋开始设司天监，元丰间罢，立太史局，掌"天文祥异，钟鼓漏刻，写造历书，供诸坛祀祭，告神名版位画日"。

⑧③君子：在先秦典籍中是对统治者和贵族男子的通称，多指君王之子，着重强调地位的崇高。而后被赋予了道德的含义，成为人格高尚、道德品行兼好的人的代称。历代儒客文人将"君子之道"作为自己的行为规范。《论语》云："不亦君子乎。"隐君子：一位通数学的隐士。据李迪考证，是南宋陈元靓。陈元靓博学多闻，自署广寒仙裔，被人称为隐君子，著有《事林广记》《博闻录》《岁时广记》等。陈元靓是不是通数学，有没有资格任秦九韶的数学老师，没有可靠资料。数学在中国古代的含义与数术相同，既有今之数学的内容，又含有象数学的内容。

⑧④际时狄患：《四库全书》文津阁本、文渊阁本作"时际兵难"，疑系《四库全书》编纂者回避"狄"（指北方少数民族）字而改。际：本义为两堵墙相合时中间的缝，引申为靠边或交接的地方，又引申为遭遇；又转指时间，时候；又引申为当，适逢其时。狄：秦汉后中原人对北方各少数民族的泛称。狄患：指北方少数民族政权入侵中原地区。遥：远。《礼记·王制》云："千里而遥。"塞：填也，隔也。《礼记·月令》云："孟冬，天地不通，闭塞成冬。"又引申为边界。《礼记·月令》云："孟冬备边境，完要塞。"秦九韶这里指女真族建立的金朝和蒙古族不断南下，侵犯南宋边境。

⑧⑤矢石：谓箭和垒石，古时守城的武器。《左传·襄公十年》云："荀偃、士匄（gài）帅卒攻逼阳，亲受矢石。"又引申为战争，打仗。《史记·晋世家》云："矢石之难，汗马之劳，此复受次赏。"

⑧尝险罹（lí）忧：《四库全书》文津阁本、文渊阁本作"更险离忧"。尝：本义是用口舌辨别滋味，引申为吃，食用，试探；进而引申为经历，经受，由此虚化为时间副词，表示曾经历。罹：遭遇。《尚书·汤诰》云："罹其凶害，弗忍荼毒。"孔安国传曰："罹，被。"

⑧荏苒（rěn rǎn）：犹"渐冉"，谓时光渐渐过去。西晋潘岳《悼亡诗（其一）》云："荏苒冬春谢，寒暑忽流易。"祀：本义是祭祀。殷代特指年。秦九韶这里用后者。

⑧槁（gǎo）：枯木，干枯，死。心槁：心如槁木，犹心若死灰，不为外物所动。气：这里指人们的精神状态。

⑧夫：《四库全书》文津阁本、文渊阁本讹作"失"。信知：深知，确知。唐杜甫《兵车行》云："信知生男恶，反是生女好。"夫：助词。《韩非子·问田》云："知明夫身而不见民萌之资利者，贪鄙之为也。"数：既指事物的数量关系，亦指命数。

⑨肆：不受拘束。肆意：纵情任意，逞性。《列子·周穆王》云："肆意远游，命驾八骏之乘。"

⑨旁：广泛，普遍。《说文解字》云："旁，溥（pǔ）也。""溥"通"普"，广大，丰厚。诹（zōu）：咨询，询问。《尔雅·释诂上》云："诹，谋也。"三国蜀诸葛亮《出师表》云："陛下亦宜自谋，以咨诹善道察纳雅言。"旁诹：多方咨询。方：方术，引申为学问，知识。《庄子·天下》云："惠施多方，其书五车。"方能：学问和才能，引申为有学问和才能的人。

⑨杳（yǎo）：幽暗，深远，看不到踪影。赵琦美家钞本讹作"查"，依《四库全书》文津阁本，文渊阁本校正，宜稼堂本同。《管子·内业》云："杳乎如入于渊。"渺（miǎo）：水辽远无边，引申为深远，遥远。《四库全书》文津阁本、文渊阁本作"眇（miǎo）"，两通。"眇"指一目失明，或双目全瞎，引申为微小。杳渺：深远。《汉书·司马相如传》云："俯杳渺而无见。"

⑨有得：有所得，有所领悟。《史记·天官书》云："五星皆从太白而聚乎一舍，其下之国可以兵从天下。居实，有得也；居虚，无得也。"焉：语气词，用于句尾，补足某种语气。《列子·汤问》云："寒暑易节，始一反焉。"

⑨固：本来，原来，固然，确实，诚然。肤末：肤浅。于：赵琦美家钞本讹作"放"，依《四库全书》文津阁本校正，宜稼堂本同。见：《四库全书》文津阁本脱"见"字。

⑨荅：《四库全书》文津阁本作"答"，宜稼堂本同。拟：计划，准备。宋陆游《云门过何山》云："我作山中行，十日未拟归。"

⑨厘：分，分开。宋叶梦得《石林燕语》卷五云："宋神宗乃诏厘其事大小。"

⑨术：本义是都邑中的道路，引申为方法，程序；是中国古典数学著作中最精彩最重要的部分。草：细草。隋刘孝孙撰《张丘建算经细草》，"草"后来成为宋元算书的重要内容。

⑨间（jiàn）：间或，有时。发：启发，阐明。《论语·述而》云："不愤不启，不悱（fěi）不发。"

⑨恐：副词，表示测度，相当于"恐怕"。或：副词，或许，也许；稍微。恐或：即"或恐"，也许，可能。唐崔颢《长干曲》云："停船暂相问，或恐是同乡。"博学多识：知道得很多，学识很广，非常有才干。一般修饰德高望重的人。《晋书·邻诜传》云："诜博学多才，环伟倜傥，不拘细行，州郡礼命并不应。"朱熹《朱子语类·论语》卷四十五云："只是圣人之所以圣，却不在博学多识，而在一以贯之。"余：指余暇，余闲，闲暇的时间。余观：在闲暇的时间看看。

⑩曲艺：小技。《礼记·文王世子》云："曲艺皆誓之。"郑玄注曰："曲艺，为小技能也。"数学居六艺之末，历来被视为小技。遂：顺心，称意，引申为成功。可遂：可以成功。《晋书》云："可遂其高志。"

⑩进：呈上，进献。秦九韶在这里表示愿意将自己的数学知识进献于道。

⑩傥（tǎng）：或许。《史记·孔子世家》云："盖周文王起丰镐而王，今费虽小，傥庶几乎！"又指倘若，如果。《史记·伯夷列传》云："傥所谓天道，是邪非邪？"秦九韶这里用后者。下：轻视。《尚书·五子之歌》云："民可近，不可下。"孔颖达《礼记疏》云："下，谓卑下轻忽之。"艺成而下：在曲艺上取得了成就而被轻视。

⑩³是惟：这是。韩愈《柳子厚墓志铭》云："是惟子厚之室，既固既安，以利其嗣人。"
是惟畴人府史流：这是畴人、府史之流的看法。秦九韶前已指出，不仅府史之类只会累加累减，就是制历的畴人也不懂一次同余方程组解法等高深的数学知识。

⑩⁴乌：安，何，哪。《吕氏春秋·明理》云："故乱世之主，乌闻至乐？"东汉高诱注曰："乌，安也。"乌足尽天下之用：哪能穷尽天下的应用？

⑩⁵懵（měng）：《四库全书》文津阁本作"瞢（méng）"，两通。本义指昏昧无知的样子，也指一时的心乱迷糊，还指无知、欺骗。无懵：懵。"无"是助词，无义。《左传·昭公六年》云："《书》曰：'圣作则。'无宁以善人为则，而则人之辟乎？"杜预注曰："无宁，宁也。"焉：指示代词，相当于"之""此"。《左传·僖公二十三年》云："羽毛齿革，则君地生焉。"秦九韶这里是说，畴人府史之流也对此昏昧无知。

⑩⁶淳祐七年：1247年。鲁郡：今山东省济宁市曲阜、兖州一带，秦氏先祖所居，秦九韶视之为籍贯。他的同代人陈振孙既说"鲁郡秦九韶道古"，又说"蜀人秦九韶道古"。可见秦九韶为四川安岳人，而其籍贯为鲁郡，这是当时人们的共识。

⑩⁷系：辞赋末尾总结全文的言辞。张衡《思玄赋》云："系曰：'天长地久岁不留，俟河之清祇怀忧。'"

⑩⁸昆（hún）：通"浑"。昆仑：表示广大无垠的意思。扬雄《太玄·中》云："昆仑旁薄，思之贞也。"司马光注曰："昆仑者，天象之大也。"旁礴：《四库全书》文津阁本、文渊阁本作"旁薄"，两通。皆指广大无边，宏伟。扬雄《太玄·玄告》云："天穹隆而周乎下，地旁薄而向乎上。"

⑩⁹虚一：又作"虚壹"，表示虚心专一。《荀子·解蔽》云："故治之要在於知道。人何以知道？曰：心。心何以知？曰：虚壹而静。"宋苏轼《张文定公墓志铭》云："公平生学道，虚一而静，故所至皆不言而治。"

⑩圣：指事无不通，光大而化，超越凡人者。大衍：大衍总数术，即一次同余方程组解法。

⑪微：精妙，深奥。《荀子·解蔽》云："未可谓微也。"杨倞注曰："微者，精妙之谓也。"寓：本义是坐落在山角里的房屋，引申为山野中的寄居屋舍，又引申为暂居之舍，进而引申为寄托，寄居。易：《四库全书》文津阁本讹作"以"。《易》：即《易经》，是阐述天地世间万象变化的古老经典，蕴含着博大精深、朴素深刻的自然法则和辩证思想，是中华民族智慧的结晶。它包括《连山》《归藏》《周易》三部易书，前二者已经失传，现存世的只有《周易》。

⑫奇余取策：这是对大衍总数术的概括。大衍总数术是秦九韶解决一次同余方程组的方法。李锐概括为："以元问数连环求等，约为定母。先以诸定相乘为衍母，互乘为衍数。又以定母去衍数，余为奇数。以大衍求一术入之，得乘率，以乘衍数为用数。各与元问余数相乘，并之，为总数。满衍母去之，不满为所求数。"显然，这是一个用筹策不断地求奇数、余数的过程，故称为"奇余取策"。奇（jī）：单数，偶之对。《周易·系辞下》云："阳卦奇，阴卦偶。"

⑬群：《四库全书》文津阁本、文渊阁本讹作"郡"。捐：舍弃。《孙子兵法·军争》云："举军而争利，则不及；委军而争利，则辎重捐。"曹操注曰："置辎重，则恐捐弃也。"

⑭究：探究，探求，钻研，引申为谋划。《尔雅·释诂上》云："究，谋也。"

⑮知：《四库全书》文津阁本、文渊阁本作"之"，两通。隐：精深，微妙。《周易·系辞上》云："探赜索隐，钩深致远，以定天下之吉凶。"原：本义是水流起头的地方，引申为根本，根源，因由。《礼记·孔子闲居》云："必达于礼乐之原。"郑玄注曰："原，犹本也。"

⑯实：事实。汉李固《遗黄琼书》云："盛名之下，其实难副。"又指验明，核实。《淮南子·精神》云："众人以为虚言，吾将举类而实之。"高诱注曰："实，明。"秦九韶这里似用后者。体：本性，本质。《吕氏春秋·情欲》云："万物之形虽异，其情一体也。"高诱注曰："体，性也。"又指事物的本体、主体。《论语·学而》云："礼之用，和为贵。"朱熹注曰："盖礼之为体虽严，而皆出于自然之理，故其为用，必从容不迫，乃为可贵。"秦九韶这里亦用后者。

⑰其书《九章》，唯兹弗纪：《九章算术》中没有同余方程组问题及其解法。

⑱历家虽用，用而不知：编制历法的学者虽然会用某种同余方程组进行计算，但是不懂得这是大衍总数术。

⑲小：稍，略。经世：治理国事，阅历世事。

⑳姑：姑且，暂且。所为：所作，作为。《周易·系辞上》云："知变化之道者，其知神之所为乎！"

㉑秦九韶《数书九章》将"大衍类"列为第一，可见对大衍总数术之重视。"大衍类"有著卦发微、古历会积、推计土功、推库额钱、分粜推原、程行计地、程行相及、积尺寻源、余米推数凡九问。

㉒七精：指日、月与金、木、水、火、土五星。汉蔡邕《司空文烈侯杨公碑》云："茫茫大浑，垂光烈耀，命公作大尉，璇玑运周，七精循轨，时惟休哉！"回：旋转，回旋。《诗经·大雅·云汉》云："倬彼云汉，昭回于天。"《毛诗诂训传》曰："回，转也。"郑玄注曰："精光转运于天。"穹：指天。《尔雅·释天》云："穹，天也。"东晋郭璞注曰："天形穹隆，其色苍苍，因名云。"回穹：在天穹中旋转。七精回穹：日、月与金、木、水、火、土五星在天空中旋转。

㉓纪：纲纪。一说是"五纪"。《尚书·洪范》云："五纪：一曰岁，二曰月，三曰日，四曰星辰，五曰历数。"

㉔追：随，随从。唐柳宗元《时令论》云：《吕氏春秋》"言有十二月七十有二候，迎日步气以追寒暑之序，类其物宜而逆为之备"。缀：缀术。古代天文学的一种测算方法。沈括《梦溪笔谈·技艺》云："求星辰之行，步气朔消长，谓之'缀术'。"追缀：遵循缀术。秦九韶《数书九章·天时类》卷三有"缀术推星"问。

㉕宵星昼晷：夜间的星辰，白天的日影。

㉖历久则疏，性智能革：历法用久了就会疏阔，但靠人们的禀赋才智能改革历法。智：智慧，聪明，智力，机智，谋略。

㉗天道：自然界的变化规律。《庄子·庚桑楚》云："夫春与秋，岂无得而然哉？天道已行矣。"西晋郭象注曰："皆得自然之道，故不为也。"

㉘三农：古指居住在平原、山区、水泽三类地区的农民。《周礼·天官·大宰》云："一曰三农，生九谷。"郑玄注引郑司农曰："三农，平地、山、泽也。"又指春、夏、秋三个农时。张衡《东京赋》云："三农之隙，耀威中原。"二义皆通。穑（sè）：耕种，农事。《尚书·盘庚》云："若农服田力穑，乃亦有秋。"孔安国传曰："穑，耕稼也。"

㉙厥（jué）：其。《尚书·禹贡》云："厥土惟白壤，厥赋惟上上错，厥田惟中中。"又指才，乃。《史记·太史公自序》云："左丘失明，厥有《国语》。"又作为助词，无义。韩愈《赠张童子序》云："能在是选者，厥惟艰哉！"秦九韶此取第一义。施：给予。《周易·乾》云："见龙在田，德施普也。"唐陆德明《释文》曰："施，与也。"厥施：其给予。

㉚雨膏：阴雨滋润。《诗经·曹风·下泉》云："芃（péng）芃黍苗，阴雨膏之。"孔颖达《礼记疏》云："此苗所以得盛者，由上天以阴雨膏润之。"零：降，落。《诗经·鄘风·定之方中》云："灵雨既零，命彼倌人。"《毛诗诂训传》曰："零，落也。"雪零：雪花飘落。雨膏雪零：阴雨滋润，雪花飘落。

㉛司牧：君主，官吏。《左传·襄公十四年》云："天生民而立之君，使司牧之。"南朝齐萧道成《即位告天文》云："肇自生民，树以司牧。"闵：忧虑，担心。《孟子·公孙丑上》云："宋人有闵其苗之不长而揠之者。"焉：于此，于是。《左传·隐公元年》云："制，岩邑也，虢叔死焉，他邑唯命。"闵焉：担心于此。

㉜尺寸验之：用量雨器、测雪器测量降雨量、降雪量的尺寸数。

㉝积以器移：指以前各州县虽有量雨器、测雪器，可是，因为计算方法不对，用不同的器具测得的雨量、雪量不同。

㉞《数书九章》第二"天时类"包括天文历法和气象两类，凡九问，其中，天文历法方面有推气治历、治历推闰、治历演纪、缀术推星、揆日究微五问，气象方面有天池测雨、圆罂（yīng）测雨、峻积验雪、竹器验雪四问。

㉟魁隗（kuí wěi）：魁隗氏是中华民族始祖之一的炎帝氏族第一位首领。炎帝魁隗氏发祥

于秦岭常羊山，传七帝而被炎帝神农氏取而代之。一说"魁"为小丘，或表示大，壮伟。《吕氏春秋·劝学》云："不疾学而能为魁士名人者，未之尝有也。"隗：高峻。魁隗：平原山岭。粒：养活。晋傅咸《喜雨赋》云："生我百谷，粒我蒸民。"唐王维《裴仆射济州遗爱碑》云："一郡之赋，再粒天下。"魁隗粒民：神农氏魁隗教人们种田，养活了百姓。

⑬甄：考察，识别。《后汉书·爰延传》云："故王者赏人必酬其功，爵人必甄其德。"甄度：考察度量。四海：天下，全国各地。《尚书·大禹谟》云："文命敷于四海，祗承于帝。"甄度四海：考察度量全国的土地。

⑬苍：苍神，苍龙。《春秋元命苞》云："殷时五星聚于房，房者苍神之精，周据而兴。"周人姬姓。周人先祖弃"号曰后稷，别姓姬氏"。故"苍姬"代指周代。井：井田，殷、周时代的土地制度。地方一里为井，划为九区，形如井字，每区百亩，八家各分一区耕作，中央为公田。《孟子·滕文公上》云："方里而井，井九百亩。其中为公田，八家皆私百亩，同养公田。"井之：谓实行井田制。苍姬井之：姬周实行井田制。

⑬仁：中国传统的道德范畴，其核心是爱人，与人相亲。《论语·阳货》云："子张问仁于孔子。孔子曰：'能行五者于天下，为仁矣。'"《墨子·经说下》云："仁，仁爱也。"仁政：儒家宽厚待民的政治主张。孟子发挥了孔子关于仁的思想，明确提出"仁政"的主张。《孟子·梁惠王上》云："王如施仁政于民，省刑罚，薄税敛，深耕易耨（nòu），壮者以暇日，修其孝悌忠信，入以事其父兄，出以事其长上。"攸（yōu）：本义为流水，引申为居处，处所。又用作句中语气词。还可作连词，相当于乃，于是。还可作助词，相当于所，有时在句中无意义。攸在：所在。《新唐书·魏元忠传》云："神州化首，文昌政本，治乱攸在，臣故冒死而言。"仁政攸在：正是仁政之所在。

⑬庶：百姓，平民。《尚书·召诰》云："厥既命殷庶。"蕃：众多。《周易·晋》云："康侯用锡马蕃庶。"陆德明《释文》曰："蕃，多也。"庶蕃：又作"蕃庶"，指百姓众多。代远庶蕃：平民百姓一代代繁衍。

⑭菑（zī），指初耕的田地，亦泛指农田。《尔雅·释地》云："田一岁曰菑。"又指开垦，耕耘。《尚书·大诰》云："厥父菑，厥子乃弗肯播，矧肯获。"孔安国传曰："又以农喻其父已菑耕其田，其子乃不肯播种，况肯收获乎！"垦菑：开垦的农田。垦菑日广：被开垦的农田日益增多。

⑭步：古代的长度单位。历代一步之尺数不一，周为八尺，秦汉至南北朝为六尺，隋唐以后为五尺。又引申为测量。步度：测量土地。庀（pǐ）：备办，具备。《左传·襄公九年》云："使岳端（chuán）庀刑器，亦如之。"又指治理，办理。《国语·鲁语》云："内朝，子将庀季氏之政焉。"赋：徭役，兵役。《周礼·地官·小司徒》云："以任地事而令贡赋。"郑玄注曰："谓出车徒给繇（yáo）役也。"又指税。《周礼·天官·太宰》云："以九赋敛财贿。"郑玄注曰："赋，口率出泉也。"庀赋：备办赋税。步度庀赋：测量土地，备办赋税。

⑭版图：户籍和地图册。《周礼·天官·小宰》云："听闾里以版图。"郑玄注引郑众曰："版，户籍；图，地图也。听人讼地者，以版图决之。"是：助词，用于动宾之间，起着将宾语提前的作用。掌：掌握，把握，主持，主管。版图是掌：掌握户籍和地图册。

⑭方圆：方形与圆形。《管子·形势解》云："以规矩为方圆则成，以尺寸量长短则得。"《周髀算经》卷上商高曰："方中为圆者谓之圆方，圆中为方者谓之方圆也。"刘徽《九章算术注》卷一云："凡物类形象，不圆则方。"异状：不同的形状。

⑭衺：通"邪"，今常作"斜"。《四库全书》文渊阁本讹作"衮"。窊（yǔ）：凹陷，低下。《史记·孔子世家》云："生而首上圩（wéi）顶，故因名丘云。"唐司马贞索隐曰："圩顶，言顶上窊也，故孔子顶如反字。"殊形：不同的形状。《九章算术》商功章阳马术刘徽注云："鳖臑（nào）殊形，阳马异体。"

⑭更：《四库全书》文津阁本、文渊阁本作"专"，两通。

⑭孰（shú）：疑问代词，谁。真：真相，正。《汉书·景十三王传·河间献王》云："从民得善书，必为好写与之，留其真。"颜师古注曰："真，正也。留其正本。"厥真：其真相。孰究厥真：谁探究其真相。

⑭百：宜稼堂本从，《四库全书》文津阁本、文渊阁本作"里"。差之毫厘，谬乃千百：

其义同"失之毫厘，谬以千里"。《礼记·经解》云："《易》曰：'君子慎始。差若毫厘，谬以千里。'此之谓也。"

⑭弊：害处，毛病。盍（hé）：《四库全书》文津阁本、文渊阁本讹作"盖"。何不，表示反问或疑问。《论语·公冶长》云："颜渊、季路侍。子曰：'盍各言尔志？'"谨：慎重。《商君书·壹言》云："治法不可不慎也，壹务不可不谨也。"盍谨：为什么不慎重。籍：簿书，关于贡赋、人事及户口等的档案。《周礼·夏官·大司马》云："乃以九畿之籍，施邦国之政职。"郑玄注曰："籍，其礼差之书也。"公私共弊，盍谨其籍：对公对私都是有害的，为什么不慎重地对待关于贡赋、人事及户口等的档案呢？

⑭《数书九章》第三"田域类"有尖田求积、三斜求积、斜荡求积、计地容民、蕉田求积、均分梯田、漂田推积、环田三积、围田先计凡九问。

⑮莫：表示否定，相当于"不"。《国语·鲁语下》云："女知莫若妇，男知莫若夫。"韦昭注曰："言处女之智不如妇，童男之智不如丈夫也。"匪：副词，表示否定，相当于"不""不是"。莫高匪山：不高的就不是山。

⑮莫浚匪川：不深的就不是河。

⑮禹：大禹，中国古代部落联盟领袖，原为夏后氏部落领袖，后奉舜命治理洪水，因功被舜选为继承人。其子启建立的夏朝，是中国历史上第一个奴隶制国家。神禹：对夏禹的尊称。《庄子·齐物论》云："无有为有，虽有神禹且不能知，吾独且奈何哉。"奠：勘定，建立。《尚书·禹贡》云："随山刊木，奠高山大川。"奠之：勘定之。神禹奠之：神圣的大禹勘定山川。

⑮积矩：矩之积，代指勾股定理及其有关知识。《周髀算经》卷上云："环而共盘，得成三、四、五。两矩共长二十五，是为积矩。"攸：所。积矩攸传：勾股知识至今还在流传。

⑮重（chóng）差：西汉开始发展起来的数学分支，新增九数之一。二郑注"九数"曰"今有勾股、重差"。刘徽《九章算术注》第十卷名曰《重差》（后单行，改称《海岛算经》），方使之完备。刘徽《九章算术注·序》云："凡望极高、测绝深而兼知其远者，必用重差、勾股，则必以重差为率，故曰重差也。"夕桀：可能是傍晚用表测望目的物的方法。东汉马融等注《周礼》亦认为是汉朝新增九数之一，二郑注则无此项。本书测望类"望敌圆营"问"以勾股、夕桀求之"，系用表测望的方法，与《九章算术》勾股章"立四表望远"问类似。清钱大昕认为"夕桀"系"互乘（互乘）"之误，此亦为一说。

⑮揆（kuí）：度量，测量方位。《尔雅·释言》云："揆，度也。"揆之：度量之。罔：无，没有，不。《尚书·汤誓》云："尔不从誓言，予则孥戮汝，罔有攸赦。"《尚书·盘庚下》云："罔罪尔众。"越：远离。《尚书·泰誓上》云："予曷敢有越厥志。"孔安国传曰："越，远也。"罔越：不远离。揆之罔越：测量不会远离真实情况。

⑮崇：高。《尔雅·释诂上》云："崇，高也。"崇深广远：高深广远。

⑮靡：尽。《荀子·富国》云："以相颠倒，以靡敝之。"杨倞注曰："靡，尽也。"容：宜，合宜。班固《答宾戏》云："因势合变，遇时之容。"李善注引项岱曰："容，宜也。"靡容：尽合宜。度则靡容：如果度量则尽合宜。

⑮格：限制。形格势禁：亦作"形禁势格""形劫势禁"，指受形势的阻碍或限制。《史记·孙子吴起列传》云："夫解杂乱纷纠者不控卷，救斗者不搏撠（jǐ），批亢捣虚，形格势禁，则自为解耳。"司马贞索隐曰："谓若批其相亢，击捣彼虚，则是事形相格而其势自禁止，则彼自为解兵也。"

⑮墉（yōng）：城墙，高墙。《说文解字》云："墉，城垣也。"寇垒仇墉：敌寇的堡垒城池。

⑯表：测望用的标杆。刘徽《九章算术注·序》阐述重差术云："立两表于洛阳之城，令高八尺，南北各尽平地，同日度其日中之时。以景差为法，表高乘表间为实，实如法而一，所得加表高，即日去地也。"望以表：用表进行测望。欲知其数，先望以表：欲知距离的远近，先用表测望。

⑯差：不同类型的差。术：这里指重差术。因差施术：根据差的不同情况实施重差术。

⑯悉：知道，了解。《世说新语·德行》云："（王恭）对曰：'丈人不悉恭'，恭作人无长物。"微渺：亦作"微眇"，精微要妙，幽微杳远。《管子·水地》云："心之所

虑，非特知于粗粗也，察于微眇，故修要之精。"坐悉微眇：不必亲自测量，就知道其远近。

⑯《数书九章》第四"测望类"有望山高远、临台测水、陡岸测水、表望方城、遥度圆城、望敌圆营、望敌远近、古池推元、表望浮图凡九问。

⑭邦国：国家。《诗经·大雅·瞻卬》云："人之云亡，邦国殄瘁。"赋：农业税，也指征税。邦国之赋：国家的赋税。

⑮待：需要。百事：各种事务。《史记·淮阴侯列传》云："审毫厘之小计，遗天下之大数，智诚知之，决弗敢行者，百事之祸也。"以待百事：为了各种事物的需要。

⑯晐（gāi）：《四库全书》文津阁本、文渊阁本作"畦（qí）"，两通。"晐"古同"垓"，古天子所领九州之地。晐田：九晐之田，中央至八极之地。"畦"古代指土地面积单位，50亩为一畦；又指由田埂分成的小块田地。畦田：指用田埂将灌溉土地分隔成规格的长方形田块。经入：常规的赋税收入。韦昭曰："经，常也。常入，征税也。"一说"晐"通"垓"，"经"通"京"。"垓""京"都是大数之名，盖十万、百万、千万、亿、兆、京、垓、秭、穰、沟、涧、正、载、极、恒河沙……谓之大数。晐田经入：天下之田的常规赋税收入。

⑰未免：实在是，不能不说是。《孟子·离娄下》云："舜，人也；我，亦人也。舜为法於天下，可传於后世；我由未免为乡人也。是则可忧也。"力役：以武力征伐。《谷梁传·僖公十九年》云："梁亡，自亡也。如加力役焉，涵不足道也。"未免力役：实在是要进行武力征伐。

⑱商：计议。《汉书·沟洫志》云："（许）商、（乘马）延年皆明计算，能商功利。"颜师古注曰："商，度也。"引申为计议，商量。先商厥功：要首先计议其功利。

⑲衰（cuī）：由大到小依照一定的等级递减。《管子·小匡》云："相地而衰其政，则民不移矣。"尹知章注曰："衰，差也。""差（cī）"指次第，等级。因此"衰分"又称为"差分"，先秦九数之一。衰分为《九章算术》之第三章。《九章算术》、秦汉数学简牍提出衰分术，即今之按比例分配方法。率：中国古典数学的重要概念。《九章算术》方田章刘徽注："凡数相与者谓之率。"率的理论是中国古典数学运算的纲纪。以衰以率：利用衰分术和率的理论。

⑳《四库全书》文津阁本脱"劳"字。劳逸乃同：使承担赋役按人或户计算的劳费等同。《九章算术》均输章提出的均输术应用衰分术求出人或户的"均平之率"以解决之。

㉑近古：最近的古代。与现代史学家将中国古代分为"远古，上古，中古，近古"，"近古"指宋元至鸦片战争不同。税租：《四库全书》文津阁本、文渊阁本作"租税"，两通。算：汉代赋税的名称，有按人头征收的口钱和对商人、手工业者、高利贷者征收的算缗（mín）钱，皆以"算"为单位。《史记·平准书》云："诸贾人末作贳贷买卖，居邑稽诸物，及商以取利者，虽无市籍，各以其物自占，率缗钱二千而一算，诸作有租及铸，率缗钱四千一算，非吏比者，北边骑士，轺车以一算；商贾人轺车二算；船五丈以上一算。"《汉书·高帝纪》云："（四年）八月，初为算赋。"颜师古注曰："如淳曰：《汉仪》：民年十五以上至六十五出赋钱，人百二十为一算，为治库兵车马。"清中叶之后"算"常作"算"。税租以算：以算赋计算租税。

㉒均：指均输法。河：《四库全书》文津阁本、文渊阁本讹作"何"。指河滨，河洲。《尚书·说命下》云："既乃遁于荒野，入宅于河。"孔安国传曰："遁居田野河洲也。"扦（qiān）：插。宋周密《癸辛杂识续集》"白蜡"云："树叶类茱萸叶，生水傍，可扦而活，三年成大树。"河菑之扦：在河洲中开垦的田地上种植农作物。

㉓隐民：古代自附于贵族豪强之家的贫民。《左传·昭公二十五年》云："子家子曰：'君其许之！政自之出久矣，隐民多取食焉，为之徒者众矣，日入慝（tè）作，弗可知也。"杜预注曰："隐，约，穷困。"杨伯峻曰："即贫民之投靠季氏者。"惟仁隐民：但愿能对贫民实施仁爱。

㉔犹己溺饥：如同自己溺水与挨饿一样。

㉕宁：岂，难道，表示反诘。北齐颜之推《颜氏家训·归心》云："释一曰，夫遥大之物宁可度量？"得：可，能够。《论语·述而》云："圣人，吾不得而见之矣。"勿思：不考虑。《诗经·王风·君子于役》云："君子于役，如之何勿思。"宁得勿思：岂能不考

虑？

⑯《数书九章》第五"赋役类"有复邑修赋、围田租亩、筑埂（gěng）均劳、宽减屯租、户田均宽、均科绵税、户税移割、移运均劳、均定劝分凡九问。

⑰物：本义指杂色的牛，引申指毛色，杂色，又引申为万事万物。等：本义指整齐的简册，引申为一样，同样，又引申为等级，级别。物等：指对人对事了然于胸，一清二楚。敛赋（liǎn fù）：即赋敛，指田赋，税收，征收赋税。物等敛赋：管理者要对人对事以及征收的赋税了解得一清二楚。

⑱式：规格，标准。汉桓宽《盐铁论·错币》云："吏匠侵利，或不中式，故有薄厚轻重。"式时：规范合时。庾（yǔ）：泛指粮库。西晋左思《魏都赋》云："图圃寂寥，京庾流衍。"唐李周翰曰："庾，仓也。"式时府庾：规范合时的官府粮库。

⑲褐（hè）：用粗毛或兽皮制成的衣服。《说文解字》云："褐，粗衣。"褐夫：穿粗布衣服的人，指贫贱者。《孟子·公孙丑上》云："视刺万乘之君，若刺褐夫。"红（gōng）女：旧指从事纺织、刺绣、缝纫等工作的妇女。《汉书·郦食其传》云："百姓骚动，海内摇荡，农夫释耒，红女下机，天下之心未有所定也。"颜师古注曰："红，读曰工。"粒粟寸丝，褐夫红女：一粒米、一寸丝都是穿粗布的农民和劳动妇女生产的。

⑳征：远行。商征：商人远行。籴（dí）：买进粮食。边籴：购进粮食供边防部队食用。商征边籴：商人远行购进粮食供边防部队食用。

㉑多端：多头绪，多方面。后世多端：后世有许多头绪。

㉒吏：古代官员的通称。《说文解字》云："吏，治人者也。"汉以后指官府中的小官和差役。《四库全书》文津阁本、文渊阁本讹作"立"。缘：凭借，依据。《荀子·正名》云："征知，则缘耳而知声可也，缘目而知形可也。"吏缘为欺：官吏借此进行欺骗。

㉓殚（dàn）：通"惮"，畏惧。《说文解字》云："惮，忌难也。"班固《西都赋》云："六师发逐，百兽骇殚。"上下俱殚：上下都畏惧。

㉔如智治水：如同智者治理洪水。其典型就是大禹治水。

㉕原：本义指水流的起始处，后用"源"表示此意。赵琦美家钞本在"原"的左上有曲折的墨迹，宜稼堂本作"源"，《四库全书》文津阁本、文渊阁本作"原"。澄原浚流：澄清源头，疏通河道。

㉖维：通"惟"，考虑，计度。《史记·秦汉之际月表》云："秦既称帝……堕坏名城，销锋镝，锄豪桀，维万世之安。"司马贞索隐曰："维训度，谓计度令万代安也。"维其深矣：考虑它们的深远。

㉗彼：本义是与所据相对者，引申为他，对方。昧：糊涂。弗察：不考察。彼昧弗察：对方糊涂，也不考察。

㉘惨急：严苛峻急。《史记·平准书》云："长吏益惨急而法令明察。"烦刑：苛细的刑罚。南朝梁周兴嗣《千字文》云："何遵约法，韩弊烦刑。"惨急烦刑：严峻苛细的刑罚。

㉙理：事理。《周易·坤》云："君子黄中通理。"孔颖达《礼记疏》云："黄中通理者，以黄居中，兼四方之色，奉承臣职，是通晓物理也。"去理益远：偏离事理愈来愈远。

㉚吁嗟（xū jiē）：叹词，表示忧伤。南朝齐谢朓（tiǎo）《和王著作八公山诗》云："平生仰令图，吁嗟命不淑。"不仁：无仁厚之德。《周易·系辞下》云："小人不耻不仁，不畏不义。"吁嗟不仁：可叹啊，没有仁厚之德。

㉛《数书九章》第六"钱谷类"有折解轻赍（lài）、算回运费、课籴贵贱、囷积量容、积仓知数、推知籴数、分定纲解、累收库本、米谷粒分凡九问。

㉜斯：代词，指这，这样，这里。斯城斯池：这城这池。

㉝乃：此，这个。栋：本义指房的正梁。宇：本义指屋檐。《周易·系辞下》云："上古穴居而野处，后世圣人易之以宫室，上栋下宇，以待风雨。"秦九韶在这里引申为宫殿、庙宇。乃栋乃宇：这座宫殿，这座庙宇。

㉞宅：本义指住所，房子，住宅，引申为居住。宅生：寄托生命。唐张九龄《上封事》云："今六合之间，元元之众，莫不悬命于县令，宅生于刺史。"寄命：寄身，托身。张九龄《和黄门卢监望秦始皇陵》云："黔首无寄命，赭衣相追逐。"宅生寄命：寄托生命。

⑲保：本义是背子于背，引申为保养，保护，维护。《尚书·胤征》云："胤后承王命徂征，告于众曰：'嗟予有众，圣有谟训，明征定保。'"孔安国传曰："征，证；保，安也。"聚：本义指会集，引申为人聚居的村落。以保以聚：为了聚集而不流散。

⑯鸿：大雁，引申为大。王充《论衡·自纪》云："盖贤圣之材鸿，故其文语与俗不通。"鸿功：宏大的工程。鸿：《四库全书》文津阁本、文渊阁本作"鸠"。鸠：鸟名。又指聚集，集合。《尚书·尧典》云："共工方鸠僝（chán）功。"孔安国传曰："鸠，聚。"鸠功：聚见其功。亦通。雉（zhì）：野鸡。又古代作为计算城墙面积的单位，长三丈、高一丈为一雉。《礼记·坊记》云："故制：国不过千乘，都城不过百雉。"郑玄注曰："雉，度名也。高一丈，长三丈为雉。"亦指雉堞（dié）。《陈书·高祖纪上》云："缘淮作城，自石头迄青溪十余里中，楼雉相接。"鸿功雉制：宏大的工程，雉堞的形制。

⑰个：竹的一枝。《说文解字》云："个，竹枚也。"章：大木材。《史记·货殖列传》云："水居千石鱼陂，山居千章之材。"裴骃《史记集解》引如淳曰："章，大材也。"木：《四库全书》文津阁本、文渊阁本讹作"本"。木章：粗大的木材。颜师古《匡谬正俗》卷六云："或问曰：'今所谓木钟者，于义何取，字当云何？'答曰：'本呼木章，音讹遂为钟耳。'"竹个木章：竹木等建筑材料。

⑱匪究匪度：不度量谋划。

⑲蠹（dù）：本义是蛀虫，引申为蛀蚀，损坏，损害。《韩非子·初见秦》云："荆、魏不能独立，则是一举而坏韩蠹魏。"陈奇猷《韩非子集释》曰："蠹，亦坏也。"财蠹力伤：损坏财物，伤害人力。

⑳蔡：周朝侯国名，在今河南上蔡西南，后来迁到新蔡一带。栽：本义指筑土墙时所用的长板。《说文解字》云："栽，筑墙长板也。"也指设板筑墙。围蔡而栽：指鲁哀公元年（前494）楚昭王率领陈、随等国包围蔡国，用子西之计，在蔡城周围筑围垒，蔡降。《左传·哀公元年》云："元年春，楚子围蔡，报柏举也。里而栽。广丈，高倍。"杜预注曰："栽，设板筑为围垒，周匝去蔡城一里。"子西：公子申的字，芈姓，熊氏，名申，楚国令尹。

㉑素：本义是没有染色的丝绸，引申为本色，白色，颜色单纯，本来的，原有的。如子西素：围垒果然如子西本来设想的那样，九日后建成。《左传·哀公元年》云："夫屯，昼夜九日，如子西之素。"杜预注曰："子西本计，为垒当用九日而成。"

㉒灵：《四库全书》文津阁本、文渊阁本作"露"。灵台：古代帝王观察天文星象、妖祥灾异的建筑。张衡《东京赋》云："左制辟雍，右立灵台。"三国吴薛综曰："司历纪候节气者曰灵台。"俾（bǐ）：使。《尔雅·释诂下》云："俾，使也。"汉文：汉文帝刘恒的省称。南朝梁刘勰《文心雕龙·议对》云："汉文中年，始举贤良。"事见《史记·孝文本纪》："（文帝）即位二十三年，宫室苑囿狗马服御无所增益，有不便，辄弛以利民。尝欲作露台，召匠计之，直百金。上曰：'百金中民十家之产，吾奉先帝宫室，常恐羞之，何以台为！'"裴骃《史记集解》曰："徐广曰：'露，一作"灵"。'"司马贞索隐曰："颜氏按：新丰南骊山上犹有台之旧址也。"惧：本义为害怕，恐惧，引申为忧虑，担心。匠计灵台，俾汉文惧：工匠设计的灵台值百金，使汉文帝感到忧虑。

㉓图：谋划，谋略。惟武图功：只有谋略才能取得功业。

㉔昭：显示，彰显。惟俭昭德：只有简朴才彰显出德政。

㉕有：于。《周易·家人》云："闲有家。"有国有家：不管是对于国还是对于家。

㉖兹：连词，则。《左传·昭公二十六年》云："若可，师有济也，君而继之，兹无敌矣。"兹焉取则：则取此作为准则。

㉗《数书九章》第七"营建类"有计定城筑、楼橹功料、计造石坝、计浚河渠、计作清台、堂皇程筑、砌砖计积、竹围芦束、积木计会凡九问。

㉘五材：亦作"五才"。一说指五种物质，一为金、木、水、火、土。《左传·襄公二十七年》云："天生五材，民并用之，废一不可，谁能去兵？"秦九韶似取此义。一为金、木、皮、玉、土。《周礼·冬官·考工记》云："或审曲面执，以饬五材，以辨民器。"郑玄注曰："此五材：金、木、皮、玉、土。"一说指五种德行。《六韬·龙韬》云："所谓五材者，勇、智、仁、信、忠也。"

㉈兵：兵器，武器。《荀子·议并兵》云："古之兵，戈、矛、弓、矢而已矣。"引申为士卒，军队。《左传·昭公十四年》云："夏，楚子使然丹简上国之兵于宗丘，且抚其民。"孔颖达《礼记疏》云："战必令人执兵，因即名人为兵也。"《三国志·吴志·孙皓传》云："天生五才，谁能去兵？"兵去未可：取消军队是不行的。

㉈教（jiāo）：本义是教导，教育，特指传授某种知识或技能，即训练。不教而战：对部队不进行训练就投入战斗。

㉈维：表示判断，相当于"乃""是""为"。柳宗元《天对》云："稷维元子，帝何笃之。"上：尊长及居高位者。《礼记·王制》云："尊君亲上。"孔颖达《礼记疏》云："亲上，谓在下亲爱长上。"维上之过：乃是居高位者的过错。

㉈堂堂：盛大。《晏子春秋·外篇上二》云："齐景公曰：'寡人将去此堂堂国而死乎？'"元耶律楚材（1190—1244）《和孟驾之韵》云："旌旗整整阵堂堂。"堂堂之阵：盛大的阵营。

㉈鹅鹳：皆为水鸟，后又均为阵名。《左传·昭公二十一年》云："丙戌，与华氏战于赭丘。郑翩愿为鹳，其御愿为鹅。"杜预注曰："鹳、鹅皆阵名。"后即以"鹅鹳"并举指军阵。张衡《东京赋》云："火列具举，武士星敷，鹅鹳鱼丽，箕张翼舒。"薛综曰："鹅鹳鱼丽，并阵名也。谓武士发于此而列行，如箕之张，如翼之舒也。"鹅鹳为行：排成鹅鹳阵的行列。

㉈营：军营，阵营。营应规矩：军营遵循规矩。

㉈当：阻挡，抵抗。《汉书·沟洫志》云："昔大禹治水，山陵当路者毁之。"其将莫当：它将是不可阻挡的。一说"其"表示反诘，相当于"岂""难道"。《左传·僖公五年》云："晋不可启，寇不可玩，一之谓甚，其可再乎？"当：执掌，主持。《左传·襄公二十七年》云："辛巳，崔明来奔，庆封当国。"杜预注曰："当，秉政。"其将莫当：岂不是将领所执掌。

㉈师：军队。吉：本义是吉祥，吉利，引申为善，福，贤，美。师中之吉：军队的福音。

㉈惟智、仁、勇：唯有谋略、仁义和勇敢。

㉈算：计谋，谋略。《孙子兵法·计》云："夫未战而庙算胜者，得算多也，未战而庙算不胜者，得算少也。"夜算军书：夜晚研读兵法，谋略战事。

㉈攸：助词，无义。《尚书·盘庚》云："汝不忧朕心之攸困。"清王引之《经传释词·攸》曰："攸，语助也。……言不攸朕心之困也。某氏《传》'攸'为'所'，失之。"重：辎重。《左传·宣公十二年》云："楚重至于邲。"杜预注曰："重，辎重也。"先计攸重：首先考虑辎重。

㉈轻：轻率，不审慎。《荀子·议兵》云："重用兵者强，轻用兵者弱。"寡谋：缺乏计谋，谋略少。《国语·周语中》云："师轻而骄，轻则寡谋，骄则无礼，无礼则脱，寡谋自陷。"轻则寡谋：轻率地用兵则会缺乏计谋。

㉈殄（tiǎn）：消灭，灭绝，糟蹋。《淮南子·本经训》云："上掩天光，下殄地财。"殄民以幸：灭绝了许多老百姓却为战争胜利而感到庆幸。

㉈亦孔之忧：也是孔子所忧虑的。

㉈《数书九章》第八"军旅类"有计立方营、方变锐阵、计布圆阵、圆营敷布、望知敌众、均敷徭役、先计军程、军器功程、计造军衣凡九问。

㉈市：交易，买卖，又指交易的场所，即市场。《周易·系辞下》云："日中为市，致天下之民，聚天下之货，交易而退，各得其所。"日中而市：中午设立市场。

㉈资：货，贩卖。《周礼·考工记·序官》云："或通四方之珍异以资之，谓之商旅。"万民所资：百姓进行交易、贩卖。

㉈贾（gǔ）贸：买卖。埘（zhì）：囤积，贮积。《汉书·食货志下》云："而富商贾或埘财役贫，转毂（gū）百数。"颜师古引孟康曰："埘，停也。"鬻（yù）：卖。《墨子·经说上》云："买鬻，易也。"埘鬻：囤积并待价卖出。左思《蜀都赋》云："贾贸埘鬻，舛错纵横。"唐吕向曰："贾，卖也；贸，易也。"贾贸埘鬻：商贾囤积并待价卖出。

㉈锱铢：宜稼堂本同。《四库全书》文津阁本、文渊阁本作"铢锱"，两通。锱铢：即铢和锱，都是古代的重量单位。《孙子算经》卷上云："称之所起，起于黍。十黍为一絫，十黍为一铢。”“锱”的说法不一，或说六铢，或说八铢，还有说六两或八两的。一般从《说文解字》之说，指六铢。“锱铢”用来比喻微利，极少的数量。利析锱铢：一铢一锱地剖析利益。

㉘ 蹛（zhì）：囤积，蓄积，聚敛。蹛财：囤积和聚敛钱财。《史记·平准书》云："于是，县官大空，而富商大贾或蹛财役贫，转毂百数，废居居邑，封君皆低首仰给。"裴骃《史记集解》引《汉书音义》曰："蹛，停也。一曰贮也。"司马贞索隐曰："此谓居积停滞尘久也。"蹛财役贫：蓄积聚敛钱财，役使贫民。

㉙ 封君：受有封邑的贵族。低首：低头。"低首"又作"氐（dī）首"，即俯首。《汉书·食货志下》云："数岁，贷与产业，使者分部护，冠盖相望，费以亿计，县官大空。而富商贾或蹛财役贫，转毂百数，废居居邑，封君皆低首仰给焉。冶铸鬻盐，财或累万金，而不佐公家之急，黎民重困。"颜师古注曰："封君，受封邑者，谓公主及列侯之属也。低首：犹俯首也。时公主、列侯虽有国邑而无余财，其朝夕所须皆俯首而取给于富商大贾，后方以邑入偿之。"封君低首：有封邑的贵族恭顺地向富商大贾低头。

㉚ 逐：《四库全书》文津阁本、文渊阁本讹作"豖"。逐末：指经商。古代以农业为本务，商贾为末务，故称。《汉书·食货志下》云："民心动摇，弃本逐末，耕者不能半，奸邪不可禁，原起于钱。"逐末兼并：商贾经商发财而侵并土地。

㉛ 厚：财富。《韩非子·有度》云："毁国之厚以利其家，臣不谓智。"非国之厚：并不是国家的财富。

㉜《数书九章》第九"市易类"有推求物价、均货推本、互易推本、菽粟互易、推计互易、炼金计直、推求本息、推求典本、僦（jiù）直推原凡九问。"市易类"在赵琦美家钞本《数书九章》目录及卷十七之下均作"市物类"。

秦九韶的生平

　　秦九韶，字道古，于南宋淳祐七年（1247）完成《数书九章》九类十八卷，奠定了他在中国数学史乃至世界数学史上的崇高地位，成为中国古典数学最后一个高峰——宋元筹算高潮的代表人物之一。不管人们怎样界定宋元数学四大家，其中必定有秦九韶。盖20世纪70年代末之后，许多学者将秦九韶、李冶、杨辉、朱世杰称为"宋元数学四大家"。笔者认为，这一提法不妥。将此四位称为"13世纪数学四大家"尚可，而以成就与影响而论，若说"宋元数学四大家"，则不能没有11世纪前半叶北宋的贾宪。实际上，现在知道的宋元重大数学成就除大衍总数术即一次同余方程组解法外，其余都由贾宪奠定基础或与之有关。我们知道，中国数学史学科奠基者李俨（1892—1963）、钱宝琮（1892—1974）并没有"宋元数学四大家"之说。美国著名科学史家萨顿（G.Sarton，1884—1956）称秦九韶是"他那个民族，他那个时代，甚至所有时代，中国最伟大的数学家之一"。秦九韶在《宋史》中没有传记。通过清人钱大昕、焦循、陆心源，近人余嘉锡（1884—1956）、李俨、钱宝琮、严敦杰（1917—1988）、李迪（1927—2006）等，以及杨国选与笔者等根据有关史料的考证，秦九韶的家世与履历已大致清楚。

第一节　秦九韶的家世

一、秦九韶的籍贯

《数书九章·序》署名"鲁郡秦九韶叙"，各卷之首也都署"鲁郡　秦九韶"，可见秦九韶的祖籍是鲁郡。鲁郡之名起源于西汉，吕后元年（前187）设置鲁国，封其女婿为鲁元王。后诸吕伏诛，改鲁国为鲁郡，治鲁县（今山东省曲阜市），一直到唐武德四年（621）撤销。不过这并不妨碍后来这一带的人称自己的祖籍是鲁郡，以示数典不忘祖之意。鲁郡在今山东省曲阜、兖州一带。

秦九韶出生于普州（治所在今四川省资阳市安岳县）。秦家什么时候离开鲁郡，迁到普州，已不可考。他自称鲁郡人，可见其离开鲁郡的先祖距秦九韶不会太远。秦九韶的父亲秦季槱的朋友洪咨夔（1176—1236）在《送秦秘监还蜀》中赞誉秦季槱"岷峨人物古，淮海姓名香"。岷峨是岷山、峨眉山，代指普州、潼川等蜀地，淮海借指鲁郡。在历史上，鲁郡曾属徐州，即淮海地区。秦季槱的另一位朋友——抗金、抗蒙名将李曾伯（1198—1268）在祝贺秦季槱生日的《代回潼川秦守贺生日》云："岷蜀儒英，蓬瀛人物。"蓬瀛指蓬莱仙山，代指今山东地区。秦九韶的忘年交陈振孙（1179—约1261）既说"鲁郡秦九韶道古"，又说"蜀人秦九韶道古"。"鲁郡"是说他的籍贯，"蜀"是说他的故乡。有人认为"鲁郡"应该是"普郡"，形似而误，他的籍贯也是普州。实际上，秦九韶的祖籍是"鲁郡"，不仅见之于秦九韶的自述，而且见之于他们父子的同代人、交往密切的洪咨夔、李曾伯、陈振孙等的记载，秦季槱、秦九韶是安岳人，祖籍是鲁郡，在当时官场上是人所共知的事实，是没有疑义的。"鲁郡"不可能是笔误。"鲁"自周、秦以来即是中华古文明发祥地之一，而"鲁郡"是唐及其以前今山东曲阜、兖州一带的建制，秦九韶既然说到自己的籍贯，用唐及其前的行政区划名称"鲁郡"，是毫不奇怪的。钱大昕说："九韶先世盖鲁人，而家于蜀者也。"此持论是正确的。

南宋末年文学家周密的《癸辛杂识续集》说秦九韶是"秦凤间人"。秦凤路是北宋庆历（1041—1048）初由陕西路析成的四路之一，辖今甘肃东南天水及其以南地区。南宋绍兴十四年（1144）分利州路为东、西二路，原秦凤路的阶、成、西和、凤等州属利州西路。此后七八十年间利州复分复合。大约因为安岳所在的潼川府路与利州路相邻，以讹传讹，周密遂误记。钱宝琮同意钱大昕的说法，并明确指出"周密的《癸辛杂识续集》说秦九韶为秦凤间人，是错误的"。李迪认为周密所记秦九韶事迹基本上都是可信的，"秦凤间人"之说并不是信口之言，说秦九韶的原籍为"鲁郡"，其先世有可能是在唐末五代或北宋时由鲁郡迁到秦凤间，然后南下普州。实际上，周密关于秦九韶的笔记中大多数内容是不可信的。而且，周密连秦九韶是哪里人都不知道，怎么可能知道秦氏家族的迁徙路程呢？钱大昕、钱宝琮的说法是正确的。

二、秦九韶的家世

（一）秦九韶所处的时代

秦九韶的生卒年大致与南宋第五位皇帝理宗赵昀（1205—1264）的时代重合。赵昀尽管是宋太祖赵匡胤的十世孙，但早已远离皇家，是绍兴府山阴县一个基层官员的孩子，后被权臣史弥远访来，立为宁宗的皇子，并于宁宗死后，被史弥远拥立为帝。赵昀为帝的前10年，朝政由史弥远把控。1233年史弥远死，理宗开始亲政。他立志中兴，励精图治，改革图新，采取了罢黜史党、亲擢台谏（亲自管理台官与谏官）、澄清吏治、整顿财政等改革措施，史称"端平更化"。宋端平元年（1234），他派兵与蒙古联合灭金。随后又出兵，企图收复三京，却以失败告终。次年，蒙古大汗窝阔台以南宋背约为由，与臣下合议攻取南宋，开始了持续40多年的宋蒙战争。窝阔台命塔思率军南下，在洛阳打败宋军，次年攻破枣阳，攻取郢州（今湖北省钟祥市），掳掠而去。七月，元太子阔端率军入蜀，成都、利州、潼川的20余州被攻下。又次年，蒙军进攻郢州、襄阳等地。1237年，蒙古军队又进攻光州、蕲州、随州等地。又次年攻下寿州、泗州（今安徽省北部）。此后，宋蒙之间暂时休战，而南宋政权内部主战、主和两派的斗争却日趋激烈。而赵昀则蜕变成厌倦朝政、沉湎于醉生梦死的荒淫生活的昏君。他先是听任谢方叔、董宋臣、阎妃、丁大全、马天骥、贾似道等为代表的腐朽集团乱政，对内穷奢极欲，任用奸佞小人，加重剥削，残害异己，打击主张抗战的文武官员，对外则主和反战，主张向蒙古屈膝求和，国势急剧衰落，吏治空前腐败，政治异常黑暗。在这样的内忧外患中，以余玠（1199—1253）、吴潜（1195—1262）等为代表的正直官员主张发展经济，坚决抗战，并采取了若干措施，加强国防力量，抵抗蒙古入侵。尽管有时主战派占上风，但总的说来，投降派主导南宋政权，吏治空前腐败，政治异常黑暗。才华横溢、以家国天下为己任、素怀报国之志的秦九韶身处国难当头的时局，发扬了自己的数学才能，登上当时世界数学的高峰，但注定要一生坎坷。

（二）秦九韶的父亲秦季槱

据杨国选考证，秦九韶的祖父秦臻舜，约生于建炎二年（1128），在普州治学于秦苑斋，长于《春秋》。绍兴庚辰（1160）进士及第，先后任签书判官厅公事、宗正少卿、右谏议大夫、通议大夫，官至正四品。宗正寺主持修纂牒、谱、图、籍、编年帝系等。秦臻舜为官清正。他是不是秦家在安岳县的第一代或第二代，亦不可考。秦家很可能在金灭北宋，金兵占领中国北方齐鲁地区时，举家离开鲁郡，辗转到达普州，才安顿下来。如果这种推测可信，那么秦臻舜应该是秦家在安岳的第一代或第二代，秦九韶是第三代或第四代。

秦九韶的父亲秦季槱，字宏父，是秦臻舜的独子，约1161年出生于普州。绍熙四年（1193），秦季槱与陈亮（1143—1194）、乔行简（1156—1241）等同榜进士及第。庆元三年（1197）知潼川府，开禧三年（1207）回朝，嘉定五年

（1212）知巴州，嘉定十二年（1219）兴元（今陕西省汉中市）军士作乱，巴州失守。秦季櫰又被调往京城临安，后被任为工部郎中。嘉定十五年（1222）"八月五日，国子监发解，命监察御史李伯坚监试，工部郎中秦季櫰、国子监丞钟震考试，监左藏东库李知新、主管户部架阁文字陈登……点检试卷"。工部"掌天下城郭、宫室、舟车、器械、符印、钱币、山泽、苑囿、河渠之政"，郎中是仅次于工部尚书、侍郎（正、副长官）的高级官员。次年正月二十五日，秦季櫰又以工部郎中在国家考试中与李刘（1175—1245）等点检试卷。嘉定十七年（1224）九月，秦季櫰担任秘书少监。秘书省设"监、少监、丞各一人"，"掌古今经籍图书、国史实录、天文历数之事"。秘书少监是秘书省的副长官。宝庆元年（1225）正月，秦季櫰兼任国史院编修官、实录院检讨官。可见，秦季櫰是一位学识渊博的学者型官员，时人誉为"岷蜀儒英"。宝庆元年，秦季櫰以直显谟阁再知潼川府。绍定二年（1229），秦季櫰以显谟阁直学士奉祠临安。自1226至1238年间，秦季櫰的事迹不见任何记载①。

秦氏在秦季櫰时已将家安置在湖州。李曾伯在贺已任潼川太守的秦季櫰生日时说他"已办霅（zhà）水松江之钓，尚供祁山斜谷之屯"。霅水即霅溪，是苕水等四条溪水在湖州汇合后的名称，向东北流入太湖。祁山斜谷则指潼川。可见秦家于13世纪20年代初秦季櫰在南宋朝廷中任职时已寓居湖州，而不是以往著述所说从秦九韶自吴潜处得到湖州西门外苕水畔名为曾上的地皮建豪华住宅时开始的。就是说，秦氏举家最迟在20年代初就离开了远离政治中心又战乱频仍的安岳，搬到了比较安定又距临安较近的湖州。

秦臻舜、秦季櫰父子学识渊博，为政清廉。秦季櫰的挚友也大多是学养深厚，主张抗金、抗蒙的正直忠良之士。如乔行简官至丞相，有政声。洪咨夔敢于忠言谠论，力陈时弊。魏了翁（1178—1237）关心民瘼，不畏权贵，曾上章论十敝。李曾伯（1198—1268）是抗金、抗蒙名将，边境之事，知无不言，遭到了贾似道的嫉恨。还有李刘及其他朋友如真德秀、陈亮、崔与之、程珌、许奕等也都是知识渊博、学养深厚、忠言谠论、力陈时弊的正直官吏，主张抗金、抗蒙之

---

① 杨国选先生2007年9月27日给笔者的邮件云："王迈（1184—1248）戊戌六月辛卯有《祭秦季櫰先生文》。戊戌是嘉熙二年（1238），可见秦季櫰殁于这一年的夏天。"

士，是朝廷重臣。

总之，秦臻舜、秦季槱家族是一个具有中华传统美德的书香门第。秦九韶就是出生并生活在这样一个文化底蕴深厚的书香之家，自然受到了良好的传统道德教育。而乃父秦季槱在工部、秘书省、国史院的负责职务，为他学习数学、天文历法、建筑、水利、经济管理等各方面的知识，成长为有较深造诣的全才提供了得天独厚的条件。据记载，嘉定年间，秘书省藏书达6万多卷。同时，他活动在父亲及其挚友的以忠臣良将为主、关心国计民生的社会朋友圈子中，也为他开阔视野，主张施仁政，树立救民于水火的志向，成长为博学多才的学者提供了良好的环境。

第二节　秦九韶坎坷的一生

一、秦九韶的生年

关于秦九韶的生年，是人们关注的一个重要问题。秦季槱的同榜进士乔行简于戊辰年（1208）四月乙卯所撰的《贺秦秘阁季槱得子》一词，给这个问题以圆满的解答。乔行简之词曰：

> 探春到，岷儒听莺报，玉燕来早。尧舜德之韶，明月弄清晓。夜尘不浸银河水，金盆供新澡。镇帷犀，护紧风螽（zhōng），秀藏芝草。

秦季槱此子就是秦九韶，贺词应写于秦九韶满月之时，那么秦九韶应生于戊辰年（1208）三月[①]。

这就推翻了人们的一些猜测。比如，钱宝琮根据周密的笔记中关于秦九韶"年十八在乡里为义兵首"的说法，推测秦九韶生于1202年。钱宝琮认为，嘉定十二年（1219）三月，兴元军士权兴等兵变，侵犯巴州（今四川省巴中市），当时秦季槱任巴州太守，"弃城去"。接着，又发生以兴元军士张福、莫简为首的兵变，四月入四川占领利州（今广元市）、阆州（今阆中市）、果州（今南充市）、遂宁，五月入普州，屯兵普州茗山。南宋朝廷命沔州（今陕西省略阳县）

---

①杨国选著《秦九韶生平考》，成都：四川大学出版社，2017。

都统张威引兵镇压，七月张福被杀，莫简自杀，乱事平定。钱宝琮认为，周密的笔记是指秦九韶带领地主武装参与张威平乱，由此上推十七年，秦九韶当生于嘉泰二年（1202）。在20世纪初之前人们一直遵从钱宝琮的看法。

二、秦九韶坎坷的一生

（一）早岁侍亲临安，白鹤梁观石鱼

1. 早岁侍亲临安，从隐君子受数学

秦季槱自四川回临安，历任工部郎中、秘书少监、国史院编修官、实录院检讨官等职时，秦九韶一直随行，开始了他自述所谓"侍亲中都，因得访习于太史，又尝从隐君子受数学"的重要阶段。所谓"中都"，泛指历史上的古城。此处指南宋的临时首都临安。此时秦九韶年10~16岁，聪慧过人，风华正茂。其父在朝廷中的职位，为他阅读丰富的皇家藏书，熟悉建筑、修造、治河等方面的事务及其中的技术和数学问题，并直接向他父亲的朋友及属官太史令、太史正等负责测验天文、考定历法的学者们学习数学、天文、历法等知识，从而成为博学多才的青年学者，提供了得天独厚的条件。

秦九韶学习数学的老师"隐君子"，据李迪考证，是陈元靓。陈元靓博学多闻，自署"广寒仙裔"，被人称为隐君子，著有《事林广记》《博闻录》《岁时广记》等。《四库全书》之《岁时广记提要》云："元靓，不知其里贯，自署'广寒仙裔'。而明刘纯作《后序》称为'隐君子'，其始末亦未详言，莫之考也。书前又有知无为军巢县事朱鉴《序》一篇。鉴乃朱子之孙，即当辑诗传遗说者，后仕至湖广总领。元靓与之相识，则理宗时人矣。""朱子"就是大理学家朱熹。《四库全书》对陈元靓活动年代的考证嫌稍迟。清陆心源考证，朱鉴于宝祐六年（1258）卒，享年69岁。那么，朱鉴生于1190年，宁宗（1195—1224在位）时代已至而立之年，理宗（1224—1264在位）时代已是中老年。就是说，他少于秦季槱，而长秦九韶近20岁。陈元靓大体亦应如是。因此，秦九韶向陈元靓学习是有可能的。刘纯说："龟峰之麓，梅溪之湾有隐君子，广寒之孙，涕唾功名，金玉篇籍，采九流之秀润，撷百氏之英华。"可见陈元靓确实是一位超凡脱

俗、知识渊博的隐士。只是他是不是精通数学，是不是有资格当秦九韶的数学教师，则没有确凿的史料。

这一时期，秦九韶又广泛地结交社会名流，周密说他"既出东南，多交豪富"。周密还说秦九韶"尝从李梅亭学骈俪诗词"，也应在这一时期。

周密又说秦九韶"性极机巧"。"星象、音律、算术以至营造之事，无不精究"，"游戏、球、马、弓、剑，莫不能知"。正是20岁前后在临安的这一段时间，秦九韶成长为一位才华横溢，博学多能，精通数学、天文历法、音律、建筑技术、水利技术，又具有使枪弄棒、骑马射箭、蹴鞠等特长，还有广泛社会交往的青年学者。但这一时期没有他入仕的记载。

2. 白鹤梁观石鱼

宝庆元年（1225）六月，秦季槱"除直显谟阁，知潼川府"（府治在今四川省三台县）。他七月赴任，秦九韶仍随行。次年正月十二日，秦季槱携子九韶与涪州（今重庆市涪陵区）太守李珫等在涪州白鹤梁一同观赏八年方露出水面的长江石鱼，并刻石《瑞鳞古迹》留念，成为佳话。辞曰：

> 郡守李珫公玉、新潼川守秦季槱宏父、郡纠曹掾何昌宗季文、季槱之子九韶道古、珫之子泽民志可同来游。石鱼阁八年不出，今方瞭然，大为丰年之祥，此不可不书。宝庆二年正月十二日，涪州太守。

图1-1 瑞鳞古迹

白鹤梁位于今长江三峡库区上游，重庆市涪陵区城北的长江中，是一块长约1600米、宽约16米的天然巨型石梁，今已淹没于水底。以往常在每年12月到次年3月长江水枯的时候露出水面。相传唐朝时尔朱真人在涪州今白鹤梁的江边修炼，后得道，在石梁上乘鹤仙去，故名"白鹤梁"。由此可见当时秦九韶尚未入仕。

（二）任郪县县尉、差校正、蕲州通判与和州太守

自1226年随其父等在白鹤梁观看石鱼之后，直到淳祐四年（1244）任职建康府（今江苏省南京市）这18年间，秦九韶的行踪扑朔迷离。过去学术界一般认为，自1225年秦九韶随父到潼川后，到1235年蒙古阔端攻蜀，秦九韶一直在四川。周密说他"既出东南"，亦理解为此时离开四川，避难东南。这种看法似不恰当。这十年，秦季槱是不是一直在四川为官，不得而知。即使秦季槱仍在四川，秦九韶已经成年，也不可能一直随侍在侧。秦季槱家教良好，秦九韶博学多能，他应该做自己的事业了。秦九韶有四项任职，应该在这18年间。

1. 任郪县县尉

秦九韶的第一项职务是郪县县尉。李刘有《回秦县尉谢差校正九韶启》一文。县尉是负责一县境内地方治安的官职，相当于今之县公安局局长。但人们很长时间不知道秦九韶是哪个县的县尉。四川省三台图书馆藏明嘉靖二十九年（1550）编著的《郪县志》卷八云："绍定二年十月，秦九韶擢县尉。"绍定二年是1229年。擢有拔、提拔的意思。汉始置郪县，宋以梓州为潼川府，梓州路为潼川府路。郪县为路府治所。明撤郪县并入潼川州。清以潼川州置三台县。秦九韶担任负责治安的郪县县尉与周密说他为义兵首暗合。义兵是宋代的乡兵。"乡兵者，选自户籍，或土民应募，在所团结训练，以为防守之兵也。"可见乡兵是宋朝政权为了抵抗辽、金及蒙古入侵，保全地方而组织的地方武装。乡兵在不同的地区、不同的时代有不同的名称，北宋有神锐、忠勇、保毅、义兵、义勇、护塞、义军、土丁等名称；南宋有忠义巡社、枪杖手、土豪、义兵、义士、民兵、弓箭手、土丁、保胜、勇敢、保丁、万弩手、壮丁民社、良家子、义勇、乡社、忠勇、忠义民兵等名称。义兵除抵抗外族入侵之外，也有镇压地方叛乱的任务。宝庆元年（1225）六月，秦季槱第二次知处于抗蒙前线的潼川府军州事，时已

经18岁的秦九韶随行赴川，担任秦季槱好友——时为四川安抚使兼权利州路、知兴元府军州事高稼（魏了翁胞兄）管辖的郪县义兵首，4年之后被提拔为郪县县尉。余嘉锡等认为秦九韶担任的是安岳县县尉，是不妥的。

2. 校正秘阁图书

秦九韶的第二项职务是李刘推荐他的"差校正"，即校正秘阁所藏图书。李刘，字公甫，号梅亭，崇仁白沙（今江西省崇仁县）人。南宋后期骈文作家。自幼聪明好学，喜作骈文诗词。嘉定元年（1208）中进士，初在湖广等地任职，后在四川荣州、眉州任知州，为西南一带的漕运使，统领成都等诸路军马，以御史大夫之职负责今四川、云南、贵州等地的军、政事务，掌八印于一身，又迁两浙运干。历任礼部郎官兼崇政殿说书、起居舍人、吏部侍郎、中书舍人兼直院，宝章阁待制等职。他治事果断，措施得当，僚佐无不叹服。李刘以写骈体文著名，用典叙事贴切，融化古语工巧，运用本朝典故恰到好处。他才高学博，曾获理宗御书"梅亭"牌额，构筑"御书阁"。其著作有《梅亭类稿》《续梅亭类稿》各30卷，另有其门人为其所辑的《四六标准》40卷。他是宋代最用力于四六（骈文的别称）的文人，著有1100多篇，在当时享有盛名，将典故成语运用得十分贴切，对仗工巧而又稳妥，风格也比较典重浑成。

李刘的《回秦县尉谢差校正九韶启》云：

> 善继人志，当为黄素之校雠；肯从吾游，小试丹铅之点勘。表微愧甚，尝巧可乎？恭维某官，心夷而志崇，齿新而意宿。驰马试剑，早欲范王良之躯；游刃解牛，今将进庖丁之道。采棒行施于北部，青毡会忆与西崑。今开万卷余，义理在文辞之表；端能正几字，始终有条理之科。所望远来之朋，共成相劝之善。卿自用卿法，在良弓之子，必学为箕；人患为人师，然他山之石，可以攻玉。

当秦九韶在郪县县尉任上时，由于李刘的推荐，被调去临安从事校正秘阁所藏图书的工作。李刘的回启是对秦九韶感谢他推荐其担任差校正的信函的回复。"黄素"的本义是黄色的绢，指诏书，因写于黄绢，故称；又引申为檄文。"丹铅"指点勘书籍用的朱砂和铅粉，亦借指校订之事。"心夷而志崇，齿新而意宿"，语出韩愈的《秋怀》。系由唐才子李百药的"身之老而才之壮""齿之宿而意之新"（出自《新唐书·李百药传》）引申而来①。"驰马试剑"指人骑马练剑习武，出自《孟子·滕文公上》。李刘希望秦九韶以后汉的王良为榜样。据范晔《后汉书·王良传》：公元30年，王良官拜大司徒司直，主司监察，"在位恭俭，妻子不入官舍，布被瓦器"。"游刃解牛"系引用《庄子·养生主》庖丁解牛的故事。三国魏刘徽《九章算术》方程章注云："更有异术者，庖丁解牛，游刃理间，故能历久其刃如新。夫数，犹刃也，易简用之则动中庖丁之理。故能和神爱刃，速而寡尤。"②"西崑"指西方昆仑群玉之山。相传是古代帝王藏书之地。唐上官仪《为朝臣贺凉州瑞石表》云："详观帝箓，披册府于西崑。"在这封回启中，李刘高度评价了秦九韶的人品和才学，尤其表彰他的古籍整理功底，希望他能继承父亲的志向，校正秘书省的书籍。"良弓之子，必学为箕"摘自《礼记·学记》，谓好射手的儿子，一定是先学会用竹条编制器具。"他山之石，可以攻玉"语出《诗经·小雅·鹤鸣》，谓别的山上面的石头坚硬，可以琢磨玉器，既比喻别国的贤才可为本国效力，也比喻能帮助自己改正缺点的人或意见。李刘这是告诫秦九韶到临安担任差校正，这是一项新的工作，一定要由浅入深，认真学习。这一回启是李刘在秦九韶启程到临安的路上写的③。严敦杰根据李刘有《除成都漕谢李制置埴》《除成都漕谢史丞相》，又在成都运作司任上作《贺郑参政清之除右相兼枢密使进光禄大夫》《贺陈签书贵谊除参政兼同知》《贺洪郎中咨夔除察院》《贺王寺簿遂除察院》，而《宋史·理宗本纪》云绍定四年（1231）十月，"戊寅，以李埴为焕章阁学士四川制置使"，《宋史·郑清之传》云"绍定六年，弥远卒，命清之为右丞相兼枢密使"，《宋史·陈贵谊传》云"绍定六年冬，上始亲政，进（贵谊）参知政事"，《理宗本纪》云绍定六年十一月，"戊辰，礼部郎中洪咨夔进对……命咨夔泪王遂同为监察御史"，并且史弥远卒于绍定六年，因而判定"李刘官成都漕在是年"是正确的（似不能

---

①杨国选著《秦九韶生平考》，成都：四川大学出版社，2017。
②郭书春汇校《九章算术新校：全2册》，合肥：中国科学技术大学出版社，2014。
③杨国选著《秦九韶生平考》，成都：四川大学出版社，2017。

排除绍定五年已官成都漕）。李刘在国史实录院任职时想调秦九韶和他一起校雠图书，是有道理的。

3. 任蕲州通判

秦九韶的第三项职务是蕲州通判。刘克庄指责秦九韶"倅蕲妄作，几激军变"。蕲州是今湖北省蕲春县。"倅"就是通判，为一州的副长官，有监察所在州府官员的权力。凡民政、财政、户口、赋役、司法等事务的文书，都须州（府）的太守与通判连署，方能生效。宋端平三年（1236）春正月，秦九韶被任命为蕲州通判。不久，蒙古军队南侵，有的守城将领叛变投敌，蕲州等地失守。秦九韶率蕲州军民参加宋军收复蕲州的战争，并在其后配合蕲州太守修复毁坏的城池和各种设施，恢复农业和手工业生产，整肃军队，安定民心。嘉熙元年（1237）秦九韶和其他官员一起受到朝廷的嘉奖。显然，刘克庄说在蒙宋争夺蕲州的战争中出现叛变投蒙的汉奸是秦九韶造成的，是其站在投降派的立场上为汉奸开脱的说辞。

4. 任和州太守

秦九韶的第四项职务是和州太守。嘉熙元年秦九韶被任命为和州太守，这应该是因其在蕲州通判任上的优良表现而得到的晋升。和州府驻今安徽省和县，秦九韶守和州期间，起码有两项值得称道的贡献。

一是组织和州军民参加抗蒙战争。和州与蕲州一样，也是在抗蒙前线，只不过距临安比蕲州更近。当时吴潜任兵部尚书兼沿海沿江制置使，知镇江府，正筹建拱卫南京和临安的长江军事防御屏障。和州与镇江同在长江沿岸，居南京的西东两侧。作为和州太守，秦九韶自然为吴潜防卫长江的军事战略的制定与军事设施的建造贡献了自己的才智和和州的军力、民夫和物力。

二是整治混乱的和州盐业市场，打击了盐霸，保护了民众的根本利益。刘克庄说秦九韶"守和贩鹾，抑卖于民"。这完全是颠倒黑白。"鹾"就是盐。盐、铁历来是关系各个朝代政权国计民生的大产业。从春秋时期的齐国开始，为了增加官府的财政收入，便对盐、铁施行垄断经营，北宋还专门设盐铁使。秦九韶担任太守的和州位于川盐东进，海盐、淮盐西进的交通要冲，是海盐、淮盐与川盐的争夺地区。不法商贾、豪强劣绅历来囤积居奇，欺行霸市，妄图垄断盐业市场和长江运输水道。清乾隆二十三年（1758）刻印的《和州志》中记载："嘉熙年间（1237—1240），和州水陆贩鹾猖獗，州府严加惩治，商贾囤积居奇，豪强欺行霸市，始得遏制。"这正是秦九韶任和州太守的时候。秦九韶主持的和州府采取了一些措施，整治盐业市场，惩治贩鹾猖獗之徒，保障了食盐这一人民生活必需品的供应和官府的收入，是一个善举。刘克庄指责秦九韶"守和贩鹾，抑卖于民"，无疑是站在欺行霸市的大商贾和豪强劣绅一边，攻击秦九韶及和州府增加财政收入、保护下层人民的正确政策。由此推论，刘克庄所说的秦九韶在湖州关于渔舟的处理"大为闾里所苦"，大抵也是刘克庄站在豪强劣绅一边指责秦九韶的正确作为。

秦九韶在《数书九章·序》中说："际时狄患，历岁遥塞，不自意全于矢石间，尝险罹忧，荏苒十祀，心槁气落，信知夫物莫不有数也。乃肆意其间，旁诹方能，探索杳渺，粗若有得焉。"自1247年上推约十年，即1237年前后，恰恰是秦九韶任蕲州通判和和州太守期间。宋、蒙之间大小战争不断，主要发生在长江与秦岭、淮河之间即今之四川、湖北、安徽北部、江苏北部等地，秦九韶任职的蕲州、和州正在其间。秦九韶一直处于宋蒙战争的前线，自然参与其谋划、组织。秦九韶正是在战乱中体会到任何事物都有其数量关系，便在忙于公务，特别是抗蒙战争之暇，发挥自己的数学才能，研究新的数学方法，探讨并积累国计民生以及抗蒙战争中的数学问题，有若干得益，遂成为永垂青史的大数学家。这是秦九韶公务繁忙的阶段，也是他研究数学的最重要的阶段。

（三）以《数书九章》在朝廷奏对

淳祐四年（1244）之后，秦九韶的踪迹大体可考。

1. 撰著《数书九章》

淳祐四年八月，秦九韶以通直郎出任建康府通判。不久，秦九韶的母亲去世，他丁母忧解官离任。丁母忧是指母亲去世，回家守孝。一般专指官员，要向上级申请，得到批准后才可以离任回家。"丁母忧"出自《后汉书·徐稚传》，意思是遭逢母亲的丧事。秦九韶回湖州家居为母亲守孝期间，整理自己多年来研究数学的心得，于三年守孝期满的时候，即淳祐七年（1247）九月完成《数书九章》，从而奠定了他在中国数学史上的崇高地位。

2. 以《数书九章》在朝廷奏对

南宋天算学家鲍澣之编制的《开禧历》附于《统天历》，行世45年。到淳祐年间，误差已较大，然而太史局的历官无有能改历者。淳祐四年（1244）韩祥建议"请召山林布衣造新历"，朝廷从之。淳祐八年（1248），尹焕鉴于"天文历数，一切付之太史局，荒疏乖谬，安心为欺，朝士大夫莫有能诘之者"，建议"请召四方之通历算者至都，使历官学焉"。周密说秦九韶因其历法的造诣被推荐到朝廷，"得对，有奏稿及所述《数学大略》"。《数学大略》就是《数书九章》。秦九韶奏对的时间当在完成《数书九章》的第二年，即1248年。秦九韶是中国历史上四位有记载的以天文历法在朝廷上或当面向皇上奏对的大数学家、天文学家。第一位是秦九韶之前的南朝宋齐的祖冲之（429—500），他在大明年间上奏《大明历》；第三位是秦九韶之后明末的徐光启（1562—1633），他主持了《崇祯历书》的编译；第四位是清初的梅文鼎（1633—1721），他以数学、天文方面的造诣受到康熙帝的召见。

3. 陈振孙关于各历法的解题均为秦九韶语

秦九韶与藏书家、目录学家陈振孙（1179—约1261）关系密切。陈振孙比秦九韶年长近30岁，应该是忘年交。陈振孙，曾名瑗，字伯玉，号直斋，安吉（今属浙江省）人。少壮时期受到书香熏染，勤于学习。历官台州知州、嘉兴知府。淳祐四年，除国子司业，官至侍郎，以宝章阁待制致仕。陈振孙博古通今，藏书50000余卷，撰《直斋书录解题》，另有《吴兴人物志》《氏族志》《书解》《易解》等。《直斋书录解题》云，《崇天历》一卷、《纪元历》三卷及其《立成》一卷，"此二历近得之蜀人秦九韶道古"。陈振孙又说："秦博学多能，尤邃历法。凡近世诸历，皆传于秦。所言得失，亦悉著其语云。"严敦杰根据该书《开禧历》条有"至今"之语，而淳祐十年（1250）李德卿造了《淳祐历》，陈振孙于淳祐九年（1249）在安吉家居，断定秦九韶与陈振孙相晤于淳祐九年，并认为陈振孙关于各历法的解题当均为秦九韶语。

（四）追随吴潜，深陷战、和两派斗争

在蒙古大军压境之时，秦九韶追随主战派首领吴潜，从而深陷南宋统治集团中主战与投降两派的斗争，受到投靠以贾似道为首的投降派的刘克庄、周密的攻讦。

1234年，蒙古与南宋联合灭金后的第二年，蒙古即分兵几路进攻南宋。一路进攻四川，成都、利州、潼川的20余州被攻下。又一路进攻郢州、襄阳等地。1237年，蒙古军队进攻光州、蕲州、随州等地。次年攻下寿州、泗州（今安徽省北部）。秦九韶一直处于宋蒙战争的前线，自然参与战争的谋划、组织。此后，宋蒙之间暂时休战，而南宋政权内部主战、主和两派的斗争日趋激烈。以余玠、吴潜等为先后代表的官员坚决主张抗战，并采取了若干措施，加强国防力量。而以宋理宗、谢方叔、董宋臣、阎妃、丁大全、贾似道等为代表的腐朽集团对内穷奢极欲，任用奸佞小人，打击主张抗战的文武官员，对外则主和反战。尽管有时主战派占上风，但总的说来，是投降派主导南宋政权，吏治空前腐败，政治异常黑暗。

宝祐二年（1254），秦九韶任沿江制置司参议。制置司是一路或数路统兵将领的官署，参议则参与军事谋划。

宝祐六年（1258）正月初，秦九韶持贾似道的推荐书投奔广州驻军统帅李曾伯。当时琼州（今海南省）太守空缺，李曾伯遂命秦九韶暂权（代理）守琼州。刘克庄辈向朝廷告状，六月十一日，宋理宗向李曾伯发出圣旨，令其罢免秦九韶，六月二十六日，李曾伯接到圣旨，遂遵旨"作书"，表示唤秦九韶回幕，并"厚遗以遣其出广"。

周密说秦九韶"与吴履斋交尤稔"。秦九韶什么时候开始与吴潜交往，不可考。吴潜，字毅夫，号履斋。宣州宁国（今安徽省宁国市）人。嘉定十年（1217）进士第一，授承事郎。丁父忧服除，授秘书省正字，迁校书郎，又迁吏部员外郎兼国史编修、实录检讨，迁太府少卿、淮西总领。吴潜认为对待蒙古的策略应当是"法当以和为形，以守为实，以战为应"。端平元年（1234），吴潜上言九事，主张"正学术以还斯文之气脉"，"广畜人才以待乏绝"，"实恤民力以致宽舒"，"边事当鉴前辙以图新功"，等等，都是真知灼见。吴潜后为工部尚书、兵部尚书、翰林学士。淳祐九年（1249）八月，南宋朝廷任命吴潜为资政殿学士知绍兴府浙东安抚使，十一月吴潜自福州赴绍兴。淳祐十一年（1251）为参知政事，拜右丞相兼枢密使。宝祐四年（1256）四月，"授沿海制置大使，判庆元府"。开庆元年（1259）九月，"庚申，以吴潜兼侍读、奉朝请"。十月，"壬申，以吴潜为左丞相兼枢密使"。吴潜为抗蒙贡献极多。秦九韶与吴潜的交往可追溯到13世纪20年代初他们在临安的时候。吴潜"实恤民力"的主张与秦九韶一致，而才华横溢的秦九韶正是吴潜"广畜人才"的对象。不过，在40年代末以前的20余年间，除秦九韶从吴潜处得到湖州苕水畔的地皮外，不知道他们交往的具体情况。然而从周密说他们"交尤稔"来看，前面提到的秦九韶担任郪县县尉、蕲州通判、和州太守、建康府通判、沿江制置司参议等职务，很可能得到了吴潜的推荐。周密谈到的秦九韶与吴潜的交往是开庆元年的事，比他所谈到的秦九韶去找贾似道一事还晚："时吴履斋在鄞，（九韶）亟往投之。吴时将入相，使之先行，曰当思所处。秦复追随之。"鄞县（今浙江省宁波市鄞州区）是庆元府治。吴潜在宝祐四年（1256）至开庆元年十月间判庆元府。秦九韶大约在开庆元年八月投吴潜幕府，即在秦九韶罢琼州代理太守返回之后。

1258年，蒙哥派三路大军进攻南宋。蒙哥亲率主力再次进攻四川，其弟忽必烈攻打鄂州，又命攻入云南的蒙军北上鄂州与忽必烈会合，准备灭亡南宋。1259年，蒙哥进军重庆时，在合州遇到王坚（1198—1264）的坚决抵抗而战死。同年十月，宋理宗任命吴潜与贾似道分别为左、右丞相。贾似道负责湖北一带江防，吴潜正调集军马支援鄂州、抗击忽必烈的时候，贾似道擅自派人到忽必烈军营屈辱求和。忽必烈在蒙哥死后急于北上夺取蒙古汗位，遂答应了贾似道的请求：双方以长江为界，南宋每年奉献蒙古银20万两，绢20万匹。忽必烈退兵后，贾似道向宋理宗隐瞒了擅自求和之事，谎称抗蒙取得胜利，进一步掌握了军政大权。

开庆元年八月，忽必烈亲率蒙古大军渡淮，九月突破长江防线，史称"己未透渡"。吴潜在九月入京，十月与贾似道分任左、右丞相，吴潜兼枢密使。秦九韶当在吴潜幕府。周密说："己未透渡，秦喜色洋洋然。既未有省者，则又曰生活皆为人揽了也。"此事发生在昏聩的宋理宗听信谗言下诏解除秦九韶代理琼州太守的第二年。秦九韶一直主张抗战，他对当权者和某些将领不做抗敌准备、不重视军事训练、缺乏方略的行径一直不赞同，这在《数书九章·序》中表述得十分清楚。秦九韶通武知兵，素怀报国之志，以为在蒙古军队大举南侵时自己必将得到朝廷的重用，有施展军事才能的机会，因而踌躇满志，是可以理解的。说他为蒙古军队过江而高兴，不符合他的一贯思想和表现。然而豺狼当道，奸臣误国，秦九韶的希望落了空。他对此表示不满，发点牢骚，也在情理之中。事实上，当时许多报国志士，如岳飞、辛弃疾、陆游等，都为能有机会施展自己的才能而高兴，也为大敌当前不被重用甚至受到迫害而不满。就这个问题指责秦九韶，真是欲加之罪，何患无辞。这类言论倒像是周密以投降派之心度主战派之腹，恰恰暴露了投降派诋毁报国志士的丑恶、阴暗心理，也反映了周密没有完全摆脱在贾似道败亡前所受的投降派的影响。

刘克庄说秦九韶"去秋有江东议幞之除，首遭驳论。其冬又除农丞，前去平江，措置米餫，后省再驳，其命遂寝"。"江东"指长江以东地区，又称江左。盖长江自九江流往南京一段为西南东北走向，于是将大江以东的地区称为"江东"。"议幞"又作议幕，即幕府，亦指幕僚。古代把担任新职离开旧职称为除，后授官也称为除。"丞"在古代指辅佐正官的副官。餫，谓运粮赠送。这是说，开庆元年（1259）秋冬，大约由吴潜推荐，秦九韶先后任江南东路幕府参议及司农寺寺丞，曾去平江府（今江苏省苏州市）筹措米粮，均遭弹劾被免职。刘克庄说："后省虽曾驳论，而去岁两疏，反成荐书。""两疏"就是1259年对秦九韶的两次弹劾。"后省"即刘克庄主管的中书后省。这两次弹劾应该是刘克庄主使的。看来南宋朝廷关于任用还是罢黜秦九韶的斗争相当激烈。秦九韶于景定元年（1260）知临江军。军与州同级，临江军辖清江、新淦、新喻等县（今属江西省）。刘克庄哀叹自己的弹劾反成了"荐书"，遂再上《缴秦九韶知临江军奏状》，以极其恶毒的文字谩骂、指责秦九韶，要求撤回成命。秦九韶是否到任临江军，不得而知。

（五）最后的岁月

景定元年七月，以贾似道为首的投降派击败主战派首领吴潜，吴潜罢相，贾似道遂独揽朝政大权。十月，吴潜被贬到潮州（今属广东省）。周密说秦九韶受吴潜株连，"徐揭秦事，窜之梅州。在梅治政不辍，竟殂于梅"。清光绪十八年（1892）刊刻的《嘉应州志》记载："秦九韶于景定二年（1261）秋七月丁丑到达梅州，知梅州军州事。"秦九韶在梅州主张开垦韩江、梅江、汀江流域的荒滩沙地、圩田圩地、台地阶地，均分田地，宽减赋税，做到耕有其地，食有其粮，住有其屋。至今坊间还流传着有关秦九韶的传说。《潮州府志》卷十六记载：咸淳五年（1269）蒲寿晟接替已故的秦九韶知梅州。可见秦九韶辞世于1268年或1269年。钱宝琮根据《宋史·理宗本纪》云景定三年（1262）正月宋理宗诏吴潜党人"永不录用"，认为秦九韶既然卒于任所，则必在景定二年（1261年），是不确切的。

南宋临安有一座道姑桥，在今杭州市杭大路西侧之西溪河上。此桥长8.4米，宽6.5米，为石拱桥。咸淳《临安志》卷二十一云："道姑桥，本府试院东。"此桥又称为"道古桥"，与秦九韶的字相同。西溪河在21世纪初因城建而改道。2012年4月27日，西湖区人民政府在改道的西溪河上重建道古桥，并请著名数学家、中国数学会原会长王元院士题写了"道古桥"（见图1-2），以纪念数学家秦九韶。

图1-2 王元题写的"道古桥"

第三节　清中叶之后对秦九韶的评价

一、清中叶学者论秦九韶

（一）四库全书馆馆臣、钱大昕、《畴人传》考察秦九韶的成就和履历

自元至清中叶，未见对秦九韶的评价，自《四库全书》将秦书以《数学九章》为名收入，秦九韶才引起清中叶学者的注意。

1. 四库全书馆馆臣的看法

四库全书馆馆臣云秦九韶"未详实为何许人也"，表彰"九韶当宋末造，独崛起而明绝学"，指出其大衍术"能举立法之意而言之。其用虽仅一端，而以零数推总数，足以尽奇偶和较之变，至为精妙"，但又认为"欧逻巴新法易其名，曰借根方，用之于九章、八线，其源实开自九韶，亦可云有功于算术者矣""至于田域、测望、赋役、钱谷、营建、军旅、市易七类，皆扩充古法。取事命题，虽条目纷纭曲折往复，不免瑕瑜互见，而其精确者居多"。其中有西学中源说的倾向。当时是清中叶整理中国古算高潮之初，有些看法不足为训，亦不足为怪。

2. 钱大昕初步考察了秦九韶的履历

钱大昕《十驾斋养新录》初步考察了秦九韶的履历："九韶先世盖鲁人而家于蜀者也。"他认为"李梅亭尝为成都漕，九韶差校正，当在其时。其任何县尉，则无可考矣。嘉熙以后，蜀土陷没，寄居东南，故得与直斋往还也。予又考《景定建康志》，得二事。其一'通判题名'有秦九韶。淳祐四年（1244）

八月，以通直郎到任。十一月，丁母忧解官离任。其一'制幕题名'，宝祐间（1253—1258）九韶为沿江制置司参议官"。

3. 《畴人传·秦九韶》概述了秦九韶的数学贡献

《畴人传》为清中叶著名学者阮元（1764—1849）主编，主笔为数学家李锐（1769—1817）等。其《秦九韶》简要介绍了《数学九章》中九类的内容：大衍类说明了定母、衍母、衍数、奇数的求法，然后"以大衍求一术入之，得乘率，以乘衍数为用数。各与元、问、余数相乘，并之，为总数。满衍母去之，不满为所求数"。天时类亦大衍及少广法。其推气、推闰、演纪、推星、揆日诸术，皆当时司天旧法。"演纪"一条，尤为独得。田域类用少广及方田、勾股法。测望类用少广、重差、夕桀法。认为"其遥度圆城术以开九乘方得数，运算尤为繁赜"。赋役类用衰分、粟米互易法。复邑修复术之答数至一百七十五条，为自古以来算书所未有。钱谷类用方田、均输、粟米换易法。营建类用商功、均输法。军旅类用少广、商功、均输及盈朒法。市易类用盈朒、方程法。诸术所载开方图于正负加减、益积、翻法，说之尤详。指出由《数学九章》"得以考见古人推演积年日法之故"。

（二）焦循、郁松年、陆心源等为秦九韶辩诬

在清中叶学者中，焦循首先为秦九韶辩诬，功莫大焉。对周密所说的吴潜有地在湖州西门外，秦九韶"乃以术攫取之"，焦循在《里堂学算记·天元一释》中说："'以术攫取'说亦荒渺。果如是，则忤履斋矣。何得又有从履斋事？"他继而说："秦九韶为周密所丑诋，至于不堪。而其书亦晦而复显。密以填词小说之才，实学非其所知。即所称与吴履斋交稔，为贾相窜于梅州，力政不辍，则秦之为人，亦瑰奇有用之才也。密又述杨守斋之言，称断事不平，荐汤如墨，恐遭其毒手。此亦影响之言。又言以剑命隶杀所养子。又言闻透渡而色喜。密自标闻于陈圣观，又恶知圣观之非谤耶？乃九韶之履历，颇赖此以传，则谤之正所以著之耳。"焦循之说有一定的道理，唯由秦九韶"与吴履斋交稔，为贾相窜于梅州，力政不辍"，便说他是"瑰奇有用之才"略显牵强。

郁松年于道光二十二年（1842）刊刻宜稼堂本《数书九章》时撰《数书九章

跋》，认为《数书九章》"思精学博"，并说："秦道古，《宋史》无传。其出处始末仅载于《癸辛杂志》，而词多诋毁，或失其平近者。江都焦孝廉循力辩其诬，洵足为覆盆之照。故兼录于卷末，以俟知人论世之君子。"

陆心源《仪顾堂题跋·原本〈数书九章〉跋》说秦九韶"既为履斋所重，为似道所恶，必非无耻之徒。能于举世不谈算法之时，讲求绝学，不可谓非豪杰之士""其人乃贵公子，非土豪武夫。其为义兵首也，当以故家世族为众所推""密以词曲赏鉴游贾似道之门，乃姜特立、廖莹中、史达祖一流人物。其所著书谤正人，而于侂胄、似道多恕词，是非颠倒可知。观九韶所作九'系'，洞达事机，言之成理。其于经世之学，实有所得。惜宋季竞尚空谈，不能用其长耳"。

二、近代以来学者论秦九韶

20世纪上半叶，中国数学史学科奠基人李俨、钱宝琮站在现代数学和历史学的高度，研究中国古典数学和数学家，只是介绍秦九韶的简历，赞颂秦九韶的数学贡献，并与国外同类的成就作比较，而对他的人品都未提及。

1946年，历史学家余嘉锡发表《南宋算学家秦九韶事迹考》一文，针对秦九韶及其所著《数书九章》"盛为清儒所推许"，"九韶之名益盛"，指责诸家"大抵以空言为之左袒，鲜有知其实迹者"。他以自己所考得出秦九韶"所学虽高，不足以赎其贪污之罪也"的结论。他在概述了周密对秦九韶的攻讦之后，指责焦循、陆心源的辩驳"既无以证密言之不实，又不能知九韶之究为何等人，则其所辩皆空言也"。

余嘉锡承认"周密著书抑扬其词，于正人微致不满"。但他未提及李刘等对秦九韶"心夷而志崇，齿新而意宿"等高度评价，而说"以余考之，宋人之书称九韶为正人者，绝未之见"。他承认"克庄之奏，盖承似道意旨为之也。其用心本不出于公"，却说："然所言九韶罪状，有周密之书，李曾伯之集，可以为证，固非横肆诬蔑也。"可是遍查史料，除刘克庄的攻讦之词、周密的笔记之外，对秦九韶，自南宋直到元、明、清，都没有别的负面资料。至于李曾伯"之集"——奏状，只是表示遵从皇帝的圣旨，免去秦九韶的职务，并"厚遗以遣其出广"，没有攻讦秦九韶的内容，余嘉锡将其作为秦九韶"凶暴"的佐证，有所牵强。诚如余嘉锡所说："吴潜虽贤……潜所交游，岂必皆君子？"然而他把刘克庄等人的攻讦之词当成信史，是错误的。余嘉锡承认"九韶为人，不可谓无才"，然而他笔锋一转，认为秦九韶之才"皆技术之末艺"，"虽能治天算，多技能，不过小人之才耳，何足道哉"，显示了他重文轻理，以及对"数学是一切科学的基础"的忽视。

余嘉锡的观点，在中国数学史界引起了系列反应。1966年，钱宝琮发表《秦九韶〈数书九章〉研究》，批评秦九韶。钱宝琮认为：秦九韶是一个热衷于功名利禄的人，不惜攀附当代权贵以求官职；说他"'喜奢好大，嗜进谋身'。私人品行也极恶劣"。他认为周密、刘克庄的话"或有过甚之辞，但九韶为人阴险，为官贪暴，都有事实可举，并不是空言诬蔑"；说焦循"重视秦九韶在数学上的优越成就，从而讳言他的罪恶。事实上，有才学的人未必有德，我们读《数书九章》，不能不表扬秦九韶在数学方面的贡献，但是论他的为人，也应符合当时的历史实际"。钱宝琮作为中国数学史家，不同意余嘉锡关于秦九韶"虽能治天算，多技能，不过小人之才耳，何足道哉"的说法，但他以秦九韶用10次方程求解遥度圆城问作为秦九韶好大喜功的例证。钱宝琮的看法在中国数学史界影响极大。

三、以《数书九章·序》重新品评秦九韶

笔者在20世纪90年代逐字逐句研究了秦九韶的《数书九章·序》，发现他主张施仁政，同情下层贫苦民众，反对豪强劣绅的横征暴敛。但由于受已有成见的影响，开始时怀疑秦九韶是不是一个不良之人。待后来考察了秦九韶所在的南宋末年的社会情况，发现秦九韶属于以吴潜为首的主战派，而攻击他的刘克庄、周密则属于投降卖国的贾似道一派，遂改变了看法，撰写《重新品评秦九韶》《秦九韶——将数学进之于道》等文，认为秦九韶是一位具有实事求是的科学精神与创新精神的数学家，是一位关心国家大事、体察民间疾苦、主张施行仁政的正直官吏，是一位支持抗战的忧国爱民者，是一位把数学作为实现上述理想的有力工

具的学者。刘克庄、周密对秦九韶的指责是南宋末年宋蒙民族斗争和南宋统治集团内部主战与主和两派斗争的产物，基本上是不可信的。

前已指出，南宋末年，政治黑暗，党争激烈，贾似道、刘克庄等把持的弹劾官员的奏状多数是颠倒黑白、罗织罪名，是不可信的。就以"不孝"而言：秦九韶"早岁侍亲中都"；后来随父在潼川府，父子俩到涪陵观石鱼，刻石留念；淳祐四年（1244）八月刚得到建康府通判的职务，十一月就丁母忧解职回湖州家中守孝；看来，父亲去世后，母亲是由秦九韶奉养的。显然，秦九韶父子、母子感情笃厚，秦九韶是具有"孝道"这一中华传统美德的。

秦九韶又有强烈的仁政思想，他在《数书九章》九段"系"中，明确谈到"仁"或"仁政"的有4次之多。这在中国古代数学著作中是空前的。

周密说秦九韶"性喜奢好大，嗜进谋身"。其例证是"或以历学荐于朝，得对。有奏稿及所述《数学大略》"。事实是：秦九韶是当时不可多得的既精通数学又精通天文历法的学者。他指出："历久则疏，性智能革。不寻天道，模袭何益？"秦九韶说："数理精微，不易窥识。穷年致志，感于梦寐。幸而得之，谨不敢隐。"他不愿埋没自己在数学、天文历法方面的才能，不但不是"喜奢好大，嗜进谋身"，反而是具有值得表彰的愿意为社会服务的崇高精神。他因为精通历算而被推荐到朝廷，得以奏对，也完全是正大光明的行为。周密就此事对秦九韶无端指责，恰恰说明他确实如焦循所说，徒有"填词小说之才，实学非其所知"。刘克庄甚至否认秦九韶的才能。他以貌似宽宏大度的口吻说："若使真有才能，固不可以一眚废。"眚，意为过错。就是说，在刘克庄看来，秦九韶一无可取。这既反映了刘克庄对秦九韶的刻骨仇恨，又说明刘克庄之辈对数学于民生的重大作用一无所知，他也应该属于秦九韶所斥责的"鄙之也，宜矣"之流。

钱宝琮对秦九韶在数学、天文历法方面的贡献评价非常高，不同意以秦九韶将《数书九章》在朝廷上奏对作为他"喜奢好大，嗜进谋身"的例证。然而，他也相信周密的说法，认为秦九韶有"好高骛远，哗众取宠的作风"，并且以"遥度圆城"的10次方程作为例证。原来，同样的问题，秦九韶的同代人——北方的李冶在《测圆海镜》中是用3次方程解决的。笔者认为，由于现实生活中很少有10次方程的模型，秦九韶有意提高方程的次数，在于说明用增乘开方法可以解任意高次的方程，不能视其为"好高骛远，哗众取宠"。钱宝琮在指责用10次方程解此题"实在没有必要"的同时，也指出："但作为一个增乘开方法的练习题目，却是无可厚非的。"事实上，有意提高方程的次数，用今天看来不是最简单的解决问题方法的例子，在宋元其他算书如《测圆海镜》《杨辉算法》《算学启蒙》《四元玉鉴》等中并不少见。中国古典数学理论的奠基者刘徽在《九章算术注》中经常提出不同于《九章算术》的新方法，有时还指出新方法不如《九章算术》的旧方法简便。比如，刘徽提出了方程新术，但他分别列出用旧术和新术求解麻麦问的细草，并做了比较："以旧术为之"，凡用77筹，而"以新术为此"，凡用124筹，新术显然不如旧术简便。他之所以提出方程新术，是为了反对"徒按本术"，说明数学问题的解决途径"设动无方"。因此，以秦九韶用10次方程求解"遥度圆城"作为指责他"喜奢好大"的例证，是不合适的。恰恰相反，秦九韶不甘寂寞，"嗜进谋身"，企望以自己的才能为社会效力，是值得表彰的。但是，也正是这种"嗜进谋身"，引起了一些人的嫉妒、攻击。

周密还记述了杨守斋的传言，说他当雪川（即湖州）太守时，秦九韶因他断事不平，请他到家中，荐汤如墨，"杨恐甚，不饮而归。盖秦向在广中，多蓄毒药。如所不喜者，必遭其毒手。其险可知也"。这是陈圣观向周密转述的。杨守斋是宋度宗的妃子淑妃之父，是投降派。他守雪川是在1255年，秦九韶在两广地区有两次，都在1255年之后。1255年之前他是否去过两广，不得而知。仅此传言便为其定性，是不足为凭的。

至于周密说秦九韶"以术攫取"吴潜的地，焦循已为此辩白。

《数书九章》中有某些纰缪，比如钱宝琮指出了三个问题："古历会积"题多误，"程行相及"题的小题大做，"蓍卦发微"题的穿凿附会。我们认为，不宜以《数书九章》有一些纰缪作为刘克庄、周密对秦九韶进行指责的例证。首先，在现存中国古典数学著作中，除《九章算术》及其刘徽注错误极少（不是没有）外，包括与《数书九章》同时代的《测圆海镜》《益古演段》《详解九章算法》《杨辉算法》《算学启蒙》《四元玉鉴》在内，大都有或多或少的错误。《数书九章》出现这样或那样的错误并不是个别现象。在评价同一类问题时，我们应当采取同一个标准，而不能宽于彼，严于此。其次，小题大做的事在中国古代数学著作中，秦九韶之前就有，秦九韶之后也有。在数学家看来，常常是为了多一个解题的思路。

至于刘克庄、周密指责秦九韶的其他"劣迹"，因缺乏详细的资料，无法作出定论。可能是秦九韶在处理这些事情时有失当之处，授刘克庄辈以柄。也可能是秦九韶采取了一些措施，侵犯了一部分豪强的利益，刁民告状，诬陷秦九韶。刘克庄为了置秦九韶于死地，需要罗织秦九韶的罪名。我们从刘克庄的奏状中看不出秦九韶如何"妄作"，而想兵变的，患秦氏之苦的"闾里"、厌秦氏贪暴的"郡人"是些什么人！因为，对同一件事情，不同阶级、不同阶层或者同一阶级、同一阶层中不同集团的人，甚至同一集团的人从不同角度看问题，都会得出完全不同的结论。对这类问题，在资料不足的情况下，我们宁可存疑，也不必站在刘克庄的立场上相信这类指责。而从前面几件事来看，刘克庄污蔑秦九韶的可能性更大些。

历史常常开玩笑。秦九韶和李冶是同代而又分处中国南北方的两位伟大的数学家。他们都出身于书香门第，有良好的家教，除数学外，他们都有广博的文史知识和经天纬地的才能。处于乱世，民生凋敝之时，他们却秉持了截然相反的态度。李冶在金朝就是社会名流。金亡，他度过了十几年艰苦的隐居生活后，受到元朝统治者的高度重视和信用。忽必烈两次接见他，聘其为翰林学士、国史编修。然而，他认为"翰林视草，唯天子命之；史馆秉笔，以宰相监之。特书佐之流、有司之事耳，非作者所敢自专而非非是是也。今者犹以翰林、史馆为高选，是工谀誉而喜缘饰者为高选也，吾恐识者羞之"，遂以老病为由，辞官归隐封龙山，与麋鹿为伴，以教书授徒，研究数学和其他知识为生，以歌酒自娱，受到人们普遍而永久的尊重。与李冶相反，秦九韶不甘寂寞，在政治腐败、黑暗之时，他不去避世免祸，而是希冀通过"嗜进谋身"，以自己的知识为社会服务，并深深卷入了统治集团内部战、和两派的斗争，引起了贾似道、刘克庄、周密辈的嫉恨而遭到诋毁、贬逐；刘克庄、周密的文字又流传到后世，人们不察，以讹传讹。在这里，我们不想评判秦九韶与李冶的处世态度的是非。但到了该全面评价秦九韶的时候了。

南宋淳祐七年（1247）秦九韶在湖州为母亲守孝期间，撰著了名著《数书九章》，分大衍、天时、田域、测望、赋役、钱谷、营建、军旅、市物九类，每类9个问题，分为两卷，凡81个问题，十八卷。明赵琦美钞本称为《数书九章》。清编纂《四库全书》，该书以《数学九章》之名抄入。两者有许多细微的差别。

第二章

数学名著《数书九章》

第一节 中国古典数学发展概况

为了了解秦九韶的数学贡献在数学史上的地位，首先需要简要介绍中国古典数学发展的概况。

一、数、算、算数、算术、数术、数学

数学与天文历法、农学、医学等是中国古代最为发达的基础科学学科。数学在先秦通常称为"数"。《周髀算经》记载，公元前11世纪的开国元勋周公姬旦称精通数学的商高"善数"。数学需要计算，自然被称为"算"。刘徽称编纂《九章算术》的张苍、耿寿昌"善算"。计算当然是"数"的运算，所以又称为"算数"。《世本》云："隶首作算数。"唐之前通常将数学方法称为"术"。《周髀算经》卷上载陈子答荣方问（约前5世纪）云："算数之术，是用智矣。""算数之术"就是"算术"。汉唐数学著作大多名之曰"某某算术"。数学又称为"算学"，隋唐国子监设算学馆。西汉又有"数术"之名。秦九韶将"数术之书"分为外算、内算两类，外算指现今之数学书，内算指象数书。"数术"有一同义语"数学"，起源于北宋，既指象数学，也指现今的数学。秦九韶自述"尝从隐君子受数学"，这里"数学"就包括这两者；南宋数学家荣棨说《九章算术》"凡善数学者人人服膺而重之"，这里"数学"就是现今的数学。此后"算学""数学"并用。即使是微积分等近代数学传入中国之后，也被纳入

算学的范畴。1939年6月，中国数学会决定废止术语"算学"，只用"数学"。不言而喻，古代的术语"算术""算学"等应对应英文的mathematics，而不是arithmetic。它包括今天的算术、代数、几何、三角等方面的内容。

二、中国古典数学

（一）中国古典数学著作

数学著述是数学进步的脚印，也是数学成就的载体。清末以前的中国到底产生过多少数学著作，已不可考，二十四史所著录者大部分已经亡佚，元中叶之前的仅存20余部。到底还存有多少清末以前的数学著作，没有精确统计，排除重复者，估计有千种上下，不过95%以上产生于明末到清末。

中国古典数学著作之间的差别相当大。

第一，它们的体例不同。《九章算术》的主体部分是以术文为中心，采取术文统率例题的形式。秦九韶《数书九章》中的大衍总数术统率了全书的同余方程组问题；正负开方术虽然是在田域类卷五"尖田求积"问中提出的，但是作者指出"后篇效此"。李冶的《测圆海镜》卷一展示了全书所需的基本理论，其"识别杂记"提出600余条抽象命题，集中国勾股容圆知识之大成；卷二在"洞渊九容"基础上以非常抽象的形式表示了勾股形与圆的10种基本关系及求圆径的公式。朱世杰的《四元玉鉴》卷首列出了全书要用到的图及假令四草，提示了天元术、二元术、三元术和四元术的解题方法，是为全书的纲领。而《孙子算经》《张丘建算经》《五曹算经》等著作都是一题一答一术，术文都是问题的具体解法，即应用问题集的形式。

第二，它们的高深程度不同。《九章算术》《海岛算经》《缉古算经》《数书九章》《测圆海镜》《四元玉鉴》等是具有高深内容的著作，《孙子算经》《张丘建算经》《五曹算经》《夏侯阳算经》《九章算法比类大全》《算法统宗》等是浅显的或普及性的著作。

第三，它们的抽象程度不同。许多人认为中国古代数学著作的术文都是具体问题的计算，这是极大的误解。实际上，《九章算术》的主体、秦汉数学简牍中相当多的内容以及宋元重要数学著作的许多内容是极抽象的术文或命题，将其中的术语换成数学符号就是公式或计算程序，而不是像《孙子算经》等著作那样都是具体数字的演算细草。

第四，它们的严谨性不同。严谨性是数学著作的生命线。《九章算术》及其刘徽注、贾宪的《黄帝九章算经细草》、李冶的《测圆海镜》等是非常严谨的著作，《五曹算经》《九章算法比类大全》等的错误比较多，严谨性较差。

第五，在是不是有数学推理和论证方面，当然更是不同。自汉至唐的十部算经即《算经十书》的本文都没有定义、推理和论证。但是后人对它们的注解，特别是赵爽的《勾股圆方图说》、刘徽的《九章算术注》却含有数学定义、推理和论证，不仅全面论证了《九章算术》的算法，而且是以演绎逻辑为主的。宋元的许多著作，如《详解九章算法》《杨辉算法》，乃至明代的《算学宝鉴》等，也都含有不同程度的数学定义和推理。

中国古典数学实际上存在着数学的学术研究与普及的分野，存在着纯数学研究。刘徽在《九章算术》方田章弧田术注中说："然于算数差繁，必欲有所寻究也。若但度田，取其大数，旧术为约耳。"前者是纯数学研究，后者是实际应用。刘徽对《九章算术》的公式、算法进行了全面而基本严谨的论证，都是纯数学活动。同时，对计算中精确度的追求，比如，刘徽对开方不尽时提出求"微数"，以十进分数逼近无理根的近似值，刘徽、祖冲之计算精确的圆周率近似值等，都不是生产、生活实际的需要，而是纯数学活动。

从公元前3—2世纪至公元14世纪初的一千六七百年间，中国古典数学一直走在世界的前列，成为世界数学研究的重心，也是数学机械化算法体系的代表，属于世界数学的主流。

（二）中国古典数学发展的几个阶段

中国古典数学大致经历了以下几个发展阶段。

1. 远古至西周中国古典数学的萌芽

中华民族的先民在同自然界的接触中积累了许多数和形的知识，逐步认识了数和形的概念。出土的代表仰韶、裴李岗、半坡、河姆渡等新石器时代文化的陶器上有圆形和其他规则的几何图形。人们还创造了画圆的工具"规"，画方和测望的工具"矩"。规、矩创造于什么时候，已不可考。汉武梁祠壁画、新疆阿斯塔纳唐墓等都出土了伏羲手执矩、女娲手执规之图（见图2-1）。《史记》记载，大禹治水时"左准绳，右规矩"。"规矩"在中华文明中还成为道德规范的术语。

图2-1　新疆阿斯塔纳唐墓出土的伏羲手执矩、女娲手执规织帛图

　　《周易·系辞》云："上古结绳而治，后世圣人易之以书契。"新石器时代半坡、二里头等遗址的陶器上已有若干数字符号。夏、商、西周的记数符号逐渐规范。安阳出土的公元前14—11世纪的殷商甲骨文数字（见图2-2）已采用十进制，并有位值制萌芽。《老子》说："善数不用筹策。"说明最晚在春秋时代，人们已能熟练使用算筹这种优越的计算工具。《孙子算经》记载，算筹记数（见图2-3）采用纵横两式："一纵十横，百立千僵。千十相望，万百相当。"再用空位表示零，借助于位值制，算筹可以表示任何一个自然数、分数、小数、负数、二次和高次方程、线性方程组、多元高次方程组等。算筹是当时世界上最方便的计算工具，十进位值制是当时世界上最先进的记数制度，它们奠定了中国数学在计算方面长期领先于世界的基础。

《甲骨文合集》
1656片正面有大
量从一至十的自
然数。

（1）带有数字的甲骨　　　　　　　　　　（2）基本甲骨文数字

图2-2　殷商甲骨文数字

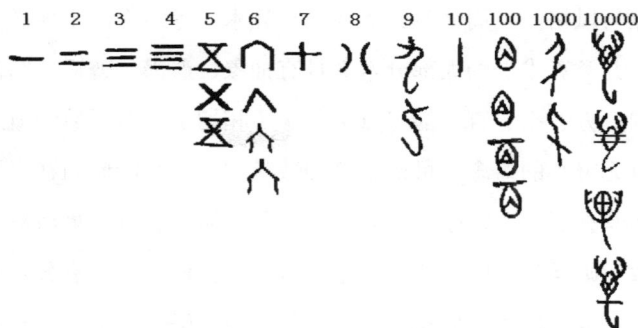

图2-3　算筹数字

　　西周初年，周公在听了商高用矩测天量地的方法以及简单的勾股圆方知识后，发出"大哉言数"的感叹。"数"在西周初年被列为贵族子弟受教育的"六艺"之一。它有九个分支，称为"九数"，表明数学在当时已初步形成一门学科。当时"九数"的内容尚不清楚。不过，九九乘法表、整数和分数的四则运算、比例和比例分配算法，以及若干面积、体积的计算应该是人们所熟悉的。

2. 春秋战国至秦汉中国古典数学框架的确立

　　经过春秋的发展，到战国时期，生产关系发生极大变革，生产力有了长足进步，学术下移，思想界各流派互相辩诘，形成百家争鸣的局面，人们在数学方面也取得了更大的进步。经过长期积累，最晚到战国时期，数学形成了郑众、郑玄所说的"九数"，即9个分支：方田、粟米、差分（后来称为衰分）、少广、商功、均输、盈不足、方程、旁要（后来扩充为勾股）。它们构筑了中国古典数学的基本框架。《周髀算经》卷上载，陈子提出"术"即数学方法具有"言约而用博""问一类而以万事达"的特点；学习数学要"通类"，做到"类以合类"。这既是对当时已经存在的数学知识的总结，也规范了后来中国古典数学著作的特点与风格。《周髀算经》《九章算术》等著作的主要部分是在战国时期形成的。《九章算术》的大部分术文具有抽象、严谨、普适、简洁的特点。《墨经》中有圆、方、平、直、端（点）、次（相切）等若干数学概念的定义，墨家和名家还有无穷小的概念。可惜，这种数学理论研究的倾向在秦汉时期没有得到发扬，反而湮灭了。西汉张苍、耿寿昌在荀派儒学影响下最后编定《九章算术》。其中分数四则运算法则、比例（今有术）与比例分配（衰分术与均输术）算法、盈不足术、若干面积与体积公式、勾股定理与解勾股形方法和测望问题、开平方法和开立方法、线性方程组解法（方程术）、列出线性方程组的"损益"法、正负数加减法则等内容，在世界数学史上占有极其重要的地位，有许多成就超前其他文化传统几百年甚至上千年。《九章算术》等著作具有以术文为中心、术文大都是机械化的运算程序、术文统率例题、数学理论密切联系实际等特点，对此后2000余年间中国和东方数学的影响极大。《九章算术》等的编定，标志着在古希腊之后，中国成为世界数学研究的重心。

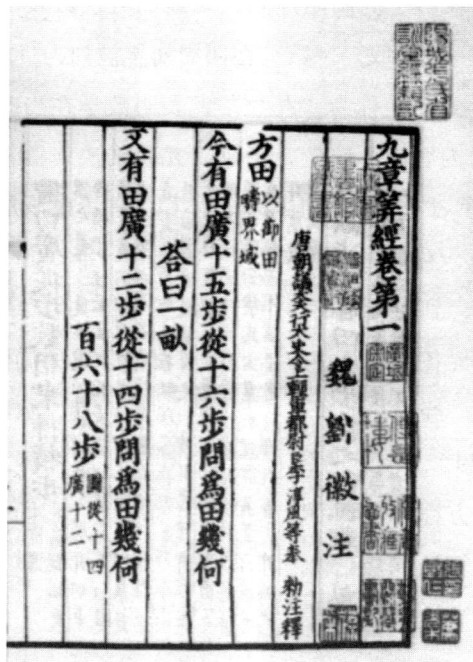

图2-4 南宋本《九章算经》书影

3. 魏晋至唐初中国古典数学理论体系的建立

东汉末年到魏晋时期，庄园农奴制和门阀士族占据了经济、政治舞台的中心；儒家在思想界的统治地位被削弱，谶纬迷信与烦琐的经学退出了历史舞台，代之的是以谈"三玄"（《周易》《老子》《庄子》）为中心、以析理为主要方法的辩难之风，人们的抽象思维能力远远超过两汉，甚至不亚于战国时期。受此影响，数学的发展主要体现在数学理论方面。赵爽撰《周髀算经注》，以出入相补原理全面论证了此前的勾股知识；刘徽撰《九章算术注》十卷，前九卷总结、发展了《九章算术》编纂时代就使用的出入相补原理、截面积原理、齐同原理与率的理论，"析理以辞，解体用图"，以演绎逻辑为主要方法全面论证了《九章算术》的公式、算法，奠定了中国古典数学的理论基础。他在数学论证中引入了极限思想和无穷小分割方法，用以论证了《九章算术》的圆面积公式及成为其多面体体积理论基础的刘徽原理，还首创了求圆周率的正确方法和若干新方法，纠正了《九章算术》的许多失误。刘徽的数学知识形成了一个"约而能周，通而不黩"的理论体系。赵爽《周髀算经注》、刘徽《海岛算经》还创造、发展了重差术。祖冲之所著《缀术》（一作《缀述》，一作为其子祖暅之撰），应该是一部水平比刘徽的《九章算术注》更高的著作，被视为"指要精密，算氏之最者也"，可惜隋唐算学馆学官"莫能究其深奥，是故废而不理"（《隋书·律历志》），遂失传。现在人们只知道祖冲之在计算圆周率及祖暅之解决球体积方面的贡献。《缀术》很可能引入了负系数二次、三次方程解法。隋唐之交的王孝通撰《缉古算经》，能解三次方程及无奇次幂的四次方程。此外，这一时期，还编纂了《数术记遗》、《孙子算经》、《张丘建算经》、《夏侯阳算经》（已佚）、《五曹算经》、《五经算术》等著作，开辟了同余方程组解法、百鸡术等新的研究方向。隋唐国子监设算学馆，唐初李淳风等整理《周髀算经》《九章算术》等十部算经，作为算学馆的教材，是为中国古典数学奠基时期的总结，清中叶后称为《算经十书》。

4. 唐中叶至宋元中国筹算数学的高潮

经过盛唐生产力的大发展，唐中叶之后，生产关系和社会各方面产生了新的变革。到宋元，土地由国有为主变为私有为主，佃农取代了魏晋南北朝和隋唐时期带有人身依附关系的部曲、徒附。农业、手工业、商业相当繁荣，思想统治也相对宽松，科学技术的发展进入中世纪的黄金时代。特别是造纸业与印刷技术的发达，使数学著作的传播更方便了。北宋元丰七年（1084）秘书省刊刻了汉唐的九部算经（唐李淳风等整理的十部算经，《缀术》《夏侯阳算经》已佚，前者付之阙如，后者以唐中叶的一部实用算书充任），是世界上首次印刷的数学著作。数学迎来了筹算数学的高潮。这个高潮体现在两个方面：一是适应商业交换发展的需要，改进筹算的乘除捷算法，并编成歌诀。唐中后期、五代、宋、辽、金和元初出现了大量含有乘除捷算法及其歌诀的著作，现仅存赝本《夏侯阳算经》（唐中叶）、南宋《杨辉算法》（1274—1275）、元朱世杰《算学启蒙》（1299）等。口念歌诀很快，手布算筹很慢，歌诀赖以产生、成长的算筹无法与之适应，最迟在南宋，珠算盘应运而生，筹算歌诀自然演变为珠算口诀。二是在高深的数学领域，如高次方程解法（增乘开方法）、一次同余方程组解法（大衍总数术）、列方程（天元术）和联立高次方程组解法（四元术）、高阶等差级数求和（垛积术）和招差法等方面取得了超前其他文化传统几个世纪的重大成就。

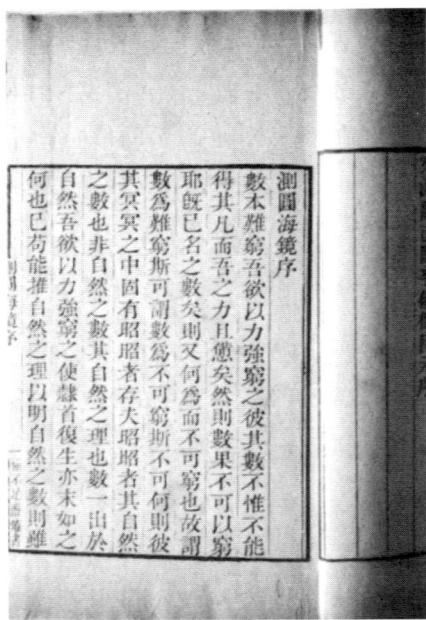

图2-5　李冶《测圆海镜》书影

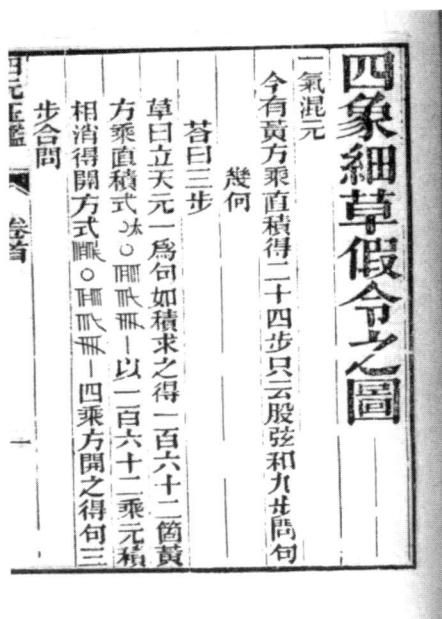

图2-6　朱世杰《四元玉鉴》书影

贾宪的《黄帝九章算经细草》进一步抽象《九章算术》的算法，创造了贾宪三角和增乘开方法，奠定了宋元数学高潮的基础。秦九韶的《数书九章》、李冶的《测圆海镜》、朱世杰的《四元玉鉴》等分别是提出这些成就的重要著作。

5. 元中叶至明末古典数学的衰落与珠算的普及

明朝步入封建社会的后期，虽然农、工、商业仍在发展，却由于封建制度和理学统治、八股取士、大兴文字狱，禁锢了人们的思想，扼杀了自由创造。明朝数学水平远低于宋元。数学家没有一个人能看懂增乘开方法、天元术、四元术、大衍总数术等宋元重要数学成就，汉唐宋元数学著作不仅没有新的刻本，反而大都失传。从此，中国数学走向低潮，逐渐落后于世界先进水平，并且差距越来越大。但另一方面，珠算盘的应用却得到了普及，并逐步取代算筹成为人们的主要计算工具，至今发挥着有益的作用。明朝出现了许多使用珠算的著作，如程大位的《算法统宗》对普及珠算起了巨大作用，其影响远及朝鲜、日本和东南亚地区。

局部放大图

图2-7　［南宋］茗园赌市图中的珠算盘

三、中国古典数学与古希腊数学的异同

人类社会由氏族社会的解体到文明社会的出现，埃及、巴比伦、中国和印度

等地比希腊早，但却走了与希腊不同的途径。希腊奴隶制的发展经历了革命性的变革，城市国家普遍建立，以地域为单位的结构代替了原始社会遗留下来的氏族制度，土地由氏族公有转变为个人私有。社会分工的发展，以及在平民阶级为实现变革与氏族贵族的长期激烈斗争中，造就了一大批思想家、科学家，当然也包括数学家。自泰勒斯（前6世纪）创立米利都学派（也称爱奥尼亚学派）起，师徒相传，学派林立，如毕达哥拉斯、德谟克里特、柏拉图、亚里士多德等，不仅在哲学思想上有重大贡献，而且在数学和其他科学上都有所建树。不久，雅典文化开始衰落，但亚历山大大帝的远征，把希腊的文化带到了更大的范围，希腊文化的优秀代表云集亚历山大里亚。希腊古典数学的总结——欧几里得的《原本》就是在这里完成的。公元前3世纪的阿基米德登上了当时数学研究的高峰，希腊数学进入了新的阶段。阿基米德所涉及的领域达到了奴隶社会下所能达到的最高峰。然而希腊没有像中国这样优越的十进位值制记数法，定量数学受到了限制。而数学家本身往往就是哲学家，他们的数学知识偏重于定性分析。数学和哲学的结盟，使他们能很快地对数学知识进行理论上的概括整理，使数学形成比较严整的演绎体系。

中国在从氏族社会向奴隶制的过渡中保留了氏族，其上层转化为土地占有者氏族贵族，没有以地域单位取代氏族制度。那时"学在官府"，没有私学，也不可能产生古希腊那样的思想家和科学家。

春秋时期，王权衰微，氏族逐步解体，大约在春秋战国之交完成了奴隶制向封建制的过渡。同时，私学出现。儒家、墨家、道家、名家、法家等诸子百家相继出现，呈现出百家争鸣的局面。然而，它们或代表旧贵族维护旧秩序，或代表平民和地主阶级要求改革。儒家、道家、名家和秦国法家等无一不把新技术说成奇技淫巧，他们的著作几乎没有独立的自然科学命题。后期墨家和齐国法家重视科学技术，有许多独到的数学命题。但是，由于他们不容于封建专制制度，随着秦汉中央集权专制国家的建立而被镇压了。因此，春秋战国时期出现了不少政治家、思想家、军事家，却没有大数学家。同时，生产的发展、人民的需要，使数学知识的积累多了起来，先进的十进位值制记数法和算筹，使中国的数学在萌芽期就长于定量分析。

总结高度发展的春秋战国数学的《九章算术》在公元前3—2世纪定稿，有着希腊数学所不及的长处。此后，刘徽将极限思想和无穷小分割方法引入数学证明，祖冲之关于圆周率近似值的计算，宋元时期的许多成就，都在世界上遥遥领先。其原因是多方面的。中国的封建社会比较典型，并且不断在向前发展，这是一个重要原因。中国尽管有时分裂，但其主体一直有统一的文字、文化和风俗习惯。中国封建的政治、经济、思想、文化得到了高度发展，所有这些都为科学技术的发展，当然包括数学的发展开辟了道路。而在同时期的欧洲，数学却进入了黑暗的中世纪。

　　如果有社会需要和社会条件，宋元数学本来可以发展为变量数学的。中国数学的某些弱点也会得到克服。但是，此后数学发展的方向发生了逆转。其原因不在数学本身，而在社会方面。在西欧，成为资本主义萌芽壮大成长、资本主义生产关系蓬勃发展的有力杠杆的城市和王权，在中国都成为窒息资本主义萌芽的社会力量。由于没有社会需要，运动没有成为科学研究的中心，当然不需要人们用数学方法对运动作定性和定量的描述。在明朝，封建专制制度黑暗，八股取士，特务横行，思想上程朱理学和陆王心学窒息了思想界进行学术研究的活力，导致研究高深数学的条件和动力缺乏。有明一代，除商业上用的珠算得到继续发展外，数学的其他领域不仅没有新的创见，而且连宋元数学的杰出成就也无人看懂，甚至连算经之首《九章算术》都几乎失传。中国数学进入了空前的黑暗时代。

　　在中国数学停滞不前的时候，欧洲在文艺复兴之后迎来了科学的曙光。灿烂的希腊几何学被发掘出来，以中国为主体的东方辉煌的代数学传到了欧洲。随着资本主义萌芽的壮大，人们需要提高计算速度，便产生了对数；运动成了科学研究的中心，用数学方法对各种圆锥曲线作定量描述成为迫切的需要。而代数方法和几何方法的结合，使这种描述成为可能。解析几何和微积分先后产生了，从此人们进入了变量数学的时代。这是大家十分熟悉的。

第二节　《数书九章》的撰著及其版本

一、《数书九章》是秦九韶亲历数学问题的汇总

南宋淳祐四年（1244）八月，秦九韶在建康府通判任上丁母忧解官离任，回湖州家居为母亲守孝。在此期间，他整理自己多年来研究数学的心得，于三年守孝期满的时候，即淳祐七年（1247）九月完成《数书九章》，从而奠定了他在中国数学史上的崇高地位。

秦九韶自述撰著《数书九章》的过程：

> 际时狄患历岁遥塞，不自意全于矢石间，尝险履忧，荏苒十祀，心槁气落，信知夫物莫不有数也。乃肆意其间，旁诹方能，探索杳渺，粗若有得焉。所谓"通神明，顺性命"，固肤末于见；若其小者，窃尝设为问答以拟于用。积多而惜其弃，因取八十一题，厘为九类，立术具草，间以图发之，恐或可备博学多识君子之余观。

自1234年宋蒙联合灭金，蒙古贵族随即大举南侵，到秦九韶不得不离开抗蒙前线，回湖州为母守孝，开始撰写《数书九章》的1244年，恰好是10年。他在战争前线备尝艰险忧患而能保全性命，认识到世间万物都有其数量关系和命数。因此纵情其间，多方探讨深远的学问，因而有所得。传统思想认为数学有所谓大者

可以"通神明，顺性命"，小者可以"经世务，类万物"两种作用。他感到自己对其"大者"的认识非常肤浅，而对其"小者"，设计了若干数学问题，应用于民众的生产、生活和战争等方面，就选取了81个问题，分为九类，设计了它们的解题方法，写出了它们的细草，有时候以图解释，这就是《数书九章》。

秦九韶《数书九章》将问题分为九类，分别是大衍、天时、田域、测望、赋役、钱谷、营建、军旅、市物。《数书九章》与《九章算术》起码有三项很大的不同。一是《九章算术》中九章的命名有的按数学方法分类，如衰分、少广、盈不足、方程、勾股等章；有的按实际应用分类，如方田、粟米、商功、均输等章。而《数书九章》的九章名称则完全是按实际应用分类。二是《九章算术》的问题是历代积累的集成。而《数书九章》中的问题几乎全部是秦九韶本人或同事亲身处理的数学问题的总结。三是《九章算术》固然有实际应用的总结，但有相当多的问题是趣味题，或者说是为说明数学方法的应用而编造出来的，如盈不足章的二鼠穿垣问。而《数书九章》中绝没有这类杜撰的题目。

二、《数书九章》不同的名称和版本

（一）《数书九章》不同的名称

也许因为时局混乱，加之秦九韶本人陷入政争，尤其是最后十几年被流放到边远地区，《数书九章》在他在世时没有刊刻，是13世纪40年代至14世纪初50多年间唯一没有刊刻的重要数学著作，到19世纪40年代，600年间只能以钞本的形式流传。因而在流传中被冠以不同的书名（可能是中国数学古籍中名称最多的一部），大体有以下名称。

1.《数术》或《数术大略》

秦九韶的忘年交陈振孙《直斋书录解题·历象类》中，将此书记作"《数术大略》九卷"，又云"此书本名《数术》"。这应该是秦九韶所著此书的原名。

2.《数学大略》

稍晚于陈振孙、秦九韶的周密《癸辛杂识续集》卷下中，将此书记作"《数学大略》"。周密记秦九韶事多据传闻，靠不住。此或许是由《数术大略》讹传而来。

3.《数学九章》

明《永乐大典》（1408）将其分类抄入"筭"字条各卷，作"《数学九章》"。《永乐大典》本的母本是南京文渊阁藏书，或许受周密影响将"数术"误作"数学"所致。清乾隆中开设《四库全书》馆，馆臣从《永乐大典》中辑录出此书，抄入《四库全书》，先后抄七部，自然作"《数学九章》"。

4.《数书》或《数书九章》

明藏书家赵琦美《数书九章序》云："此书原阁钞本，会稽王云来应遴录得，予借录一过。册元止名《数书》，'九章'二字乃王添入。"阁钞本是北京皇宫的文渊阁藏本。看来这个钞本将"数术"改作了"数书"，"《数书九章》"遂成为此书最常用的书名。

（二）《数书九章》的版本

郑诚、朱一文在《〈数书九章〉流传新考——赵琦美家钞本初探》中说："《数书九章》可考之传本系统有二：（1）明文渊阁钞本（佚）—永乐大典本（嘉靖重钞本残存三题）—四库全书本（存）；（2）明文渊阁钞本—明王应遴钞本（佚，改题作《数书九章》或《数书》）—明赵琦美家钞本（存）。"

1. 永乐大典本和四库全书本《数书九章》

（1）永乐大典本《数学九章》

明永乐六年（1408）编成《永乐大典》，数学著作被编入"筭"字条。"筭"字条自卷一六三二九至卷一六三六四，共35卷。《数书九章》被分类抄入"筭"字条各卷，作秦九韶《数学九章》，共有九类，当在《永乐大典》卷一六三三七至一六三五七中。在清中叶编纂《四库全书》时尚为完帙。四库馆臣从《永乐大典》中辑录出《数学九章》九类九卷。

此后，由于官吏盗窃，特别是1900年八国联军侵华，《永乐大典》散失殆尽。"筭"字条各卷仅存卷一六三四三"异乘同除"类和卷一六三四四"少广"类二卷，藏英国剑桥大学图书馆。1960年，中华书局搜集散见于世界各地的散本，影印成册，仍称为《永乐大典》。1993年，中国科学院自然科学史研究所将中华书局影印本的卷一六三四三和卷一六三四四结集，冠以《永乐大典算法》之名，影印收入郭书春主编的《中国科学技术典籍通汇：数学卷》第一册。其中卷一六三四三中有《数学九章》钱谷类"算回运费"问、军旅类"军器功程"问、市物类"推求典本"问凡三问。不知为什么，以开方法为主体的卷一六三四四竟然没有抄录秦九韶关于正负开方术的任何题目和算法，至为遗憾。

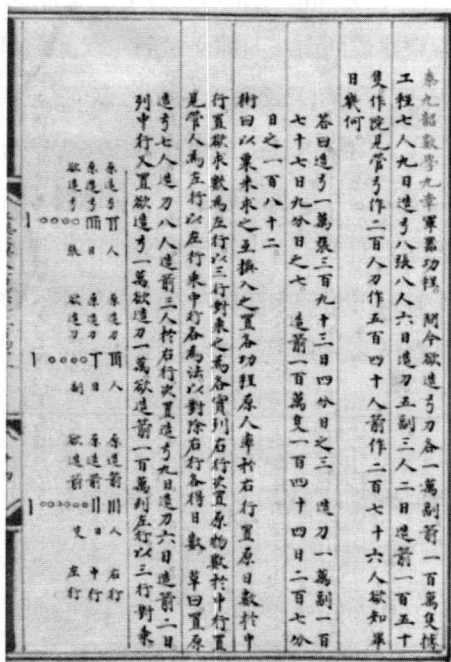

图2-8 《永乐大典》抄录《数学九章》（"军器功程"问）书影
（《永乐大典》卷一六三四三，第十叶）

据顾力仁在其著作《〈永乐大典〉及其辑佚书研究》中考证，《永乐大典》诸底本系明初四方征集，存于南京文渊阁之皇家藏书。明永乐十九年（1421），明成祖敕南京翰林院，将文渊阁藏书每种取一部运往北京。正统初年（1436），这批书被移入北京文渊阁东阁。正统六年（1441），杨士奇等编成《文渊阁书目》，著录约5800种，大致相当于《永乐大典》收书数量。宿字号第一厨，"算法"类收算书24部，内有"《数学九章》一部三册 完全"。明代中期，文渊阁藏书散失严重，万历三十三年（1605），张萱等编成《秘阁藏书目录》，收书2447

种，仅千余种与《文渊阁书目》相同。其中"技艺部"唯存算书3种，仍著录"《数学九章》三册，全钞本，宋淳祐间鲁郡秦九韶撰"。

（2）四库全书本《数学九章》

清乾隆中开设《四库全书》馆，馆臣从《永乐大典》中辑录出此书，抄入《四库全书》，自然作《数学九章》。《四库全书》先后抄录7部，分藏于文津阁（河北承德避暑山庄）、文渊阁（北京皇宫）、文源阁（北京圆明园）、文溯阁（辽宁沈阳）及后来建成的南三阁即文汇阁（江苏扬州）、文宗阁（江苏镇江）、文澜阁（浙江杭州）七阁。文源阁被英法联军烧毁，南三阁后亦毁于战火。20世纪40年代末，文渊阁藏本被运至台湾。1986年，台湾商务印书馆影印了整套文渊阁本《四库全书》，并作了缩微胶卷。文津阁本后被运往北京，现藏于国家图书馆。2005年，北京商务印书馆影印了文津阁本《四库全书》。文溯阁本于20世纪60年代移藏于甘肃兰州。文津阁本与文渊阁本《数学九章》都含九类，每类一卷，凡九卷，每卷分上、下。

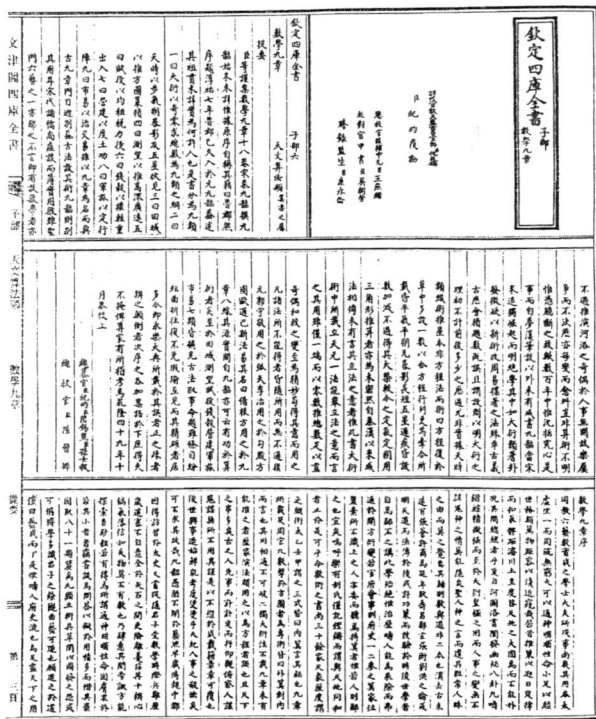

图2-9 《四库全书》文津阁本《数学九章》书影

2. 赵琦美家钞本《数书九章》

明万历四十四年（1616）孟秋，赵琦美从王应遴（？—1645）处录得《数书九章》，其序云：

> 《数书九章》十八[①]卷，系赞九章序，东鲁秦九韶所作，而书不著作者姓名，岂即九韶所著耶？淳祐七年，宋理宗年号。此书原阁钞本，会稽王云来应遴录得，予借录一过。册元止名《数书》，"九章"二字乃王添入。王有志经济，上书修《大明一统志》，已得旨，而礼曹不为一覆。今王已私修，俟覆开局也，岂非志士乎。

万历四十五年（1617）正月，赵琦美《数书九章跋》云：

> 《数书九章》十八卷，宋淳祐间鲁郡秦九韶撰。会稽王应遴董父借阁钞本而录也。予转假录之。原无目录，予为增入。

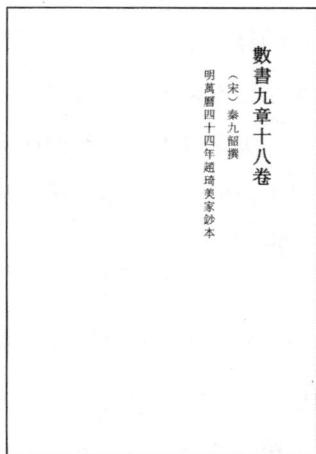

（1）赵琦美家钞本　　　　　　　　　　（2）赵琦美记

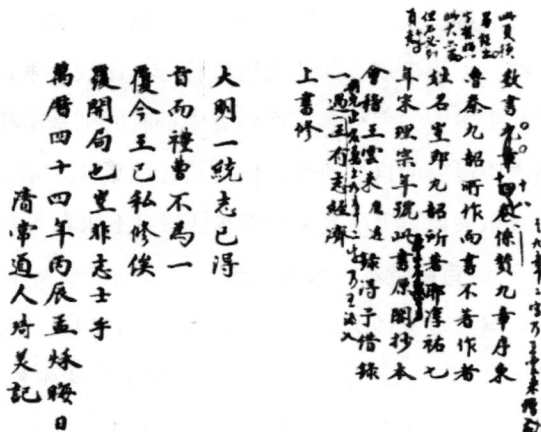

图2-10　赵琦美家钞本《数书九章》书影

[①]十八：赵琦美家钞本在第236叶的笔记原误作"四"，后又在其左上补"十"，旋勾掉，在右侧加"十八"二字。

看来，赵琦美1616年秋初只认为《数书九章·序》为秦九韶撰。至于全书是不是秦九韶撰，只是猜测。到1617年初，他才确认是秦九韶撰。赵琦美家钞本不仅是现存最早之足本，也是该书影响最大之通行本——宜稼堂丛书本的源头。

四库全书本《数学九章》每类的题目与赵琦美家钞本相同，但其顺序不同。以第一类"大衍"为例，赵琦美家钞本第一卷大衍上的顺序是：蓍卦发微、古历会积、推计土功、推库额钱，第二卷大衍下的顺序是：分粜推原、程行计地、程行相及、积尺寻源、余米推数，大衍数术在"蓍卦发微"中。而文津阁本卷一上的顺序是：大衍数术、蓍卦发微、古历会积、推库额钱、分粜推原，卷一下的顺序是：积尺寻源、推计土功、余米推数、程行计地、程行相及。大衍数术置于诸问之前，有统领的意味。这种方式显然比赵琦美家钞本优越。

自《九章算术》起，各个算题表示答案均用"荅曰"，赵琦美家钞本《数书九章》亦如此。而永乐大典本和四库全书本用"答曰"。

此外，第九类的名称，四库全书本的目录、系词和正文均称为"市易"，而赵琦美家钞本的系词作"市易"，而目录和正文均作"市物"。比较起来，还是四库全书本更为合理。

值得注意的是，四库全书本、赵琦美家钞本中，有的算草中某些数字之间有连线，相当于现今的四则运算符号。比较起来，赵琦美家钞本中的这类符号比四库全书本中的多得多。而两者中都有的则基本相同。赵琦美家钞本中有而四库全书本中没有的这些符号，到底是在编纂《永乐大典》时丢掉的，还是四库馆臣从《永乐大典》辑录或从四库本抄写时不认真而失落的，是个疑团。

3. 宜稼堂本《数书九章》

赵琦美家钞本先后转入张敦仁（1754—1841）、沈钦裴手中，沈钦裴进行校订，"以老病未卒业"，其弟子宋景昌受郁松年之托，"以赵本为主，参以各本"（主要是李锐校四库全书本），重加校订，成为宜稼堂丛书本的底本，《数书九章》遂成为通行的书名。

郁松年刻《数书九章跋》云：

　　余既刻，毛君生甫（岳生）为予言：秦道古《数书九章》思精学博……

元和沈广文（钦裴）曾得明人赵琦美钞本于阳城张太守（敦仁）家，订讹补脱，历有年所，以老病未卒业。其弟子江阴宋君景昌能传其学。余因属毛君索其原本。会广文病甚，不可得。得其副于武进李太史（兆洛）家。毛君又出其家藏元和李茂才（锐）所校四库本，并属宋君为之雠校。嗣广文没，宋君又于其家搜得秦书刊误残稿数卷。于是以赵本为主，参以各本……别为《札记》，以资考证。

1993年，郭书春主编的《中国科学技术典籍通汇：数学卷》收入了宜稼堂丛书本《数书九章》。

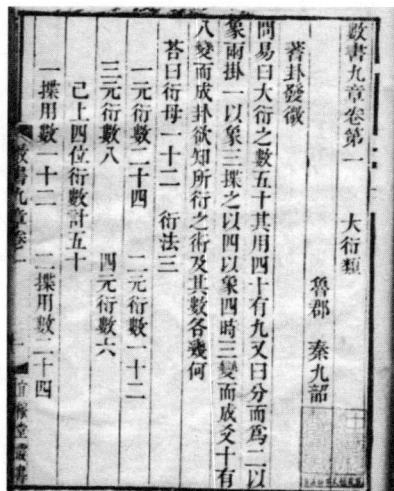

图2-11　宜稼堂丛书本《数书九章》书影

不过，根据郑诚、朱一文取国家图书馆藏赵琦美家钞本与宜稼堂本比对，发现宜稼堂本几乎删去了赵琦美家钞本中的许多算图的连线，如表示两数相加的两数首首双线相连或尾尾双线相连的连线，表示两数相减的两数首首单线相连或尾尾单线相连的连线，表示两数相乘的两数首尾单线（实线或虚线）相连或尾尾单线相连的连线，表示两数相除的两数首尾单线（实线或虚线）相连或首首单线相连的连线。显然，这些连线的作用接近于现代的运算符号。应该说，宜稼堂本的不忠实于原著，对后人准确、全面地了解秦九韶的数学贡献和数学思想造成了极大的阻碍。

《数书九章》的数学贡献

秦九韶重大的数学贡献主要有两项：一是大衍总数术即一次同余方程组解法，超前其他文化传统数百年。500多年后，西方数学大师欧拉、高斯等才达到或超过他的水平。二是正负开方术，发展、完善了贾宪的增乘开方法，将高次方程求正根的方法发展到十分完备的程度，有的方程高达十次。欧洲19世纪初的霍纳法或霍纳–鲁菲尼法与之相近。此外，他提出的三斜求积法，类似于海伦公式的三角形求面积公式；对解线性方程组，他废止了直除法，完全采用刘徽创造的互乘相消法，并且在互乘之前，先求其等数，约简后再相乘，更加简便；他对十进小数、○的使用也有贡献；他的算草中有相当于现今的加、减、乘、除等运算的符号，实际上是笔算的萌芽。

第一节　大衍总数术——一次同余方程组研究

一、秦九韶之前的同余方程组研究

（一）初等数论中的孙子定理

大衍总数术实际上是现代数论中的一次同余方程组解法。同余是数论中的一个重要概念。给定一个正整数a，如果有两个整数N，r，使$N-r$被a整除，就称N，r对模a同余，记作$N \equiv r \pmod a$。现代初等数论有下列孙子定理：

若a_i（i=1，2，$\cdots$，n）是两两互素的正整数，$R_i < a_i$，R_i也是正整数（i=1，2，$\cdots$，n），正整数N满足同余式组

$$N \equiv R_i \pmod{a_i}, \quad i=1, 2, \cdots, n。$$

如果能找到诸正整数k_i，使

$$k_i \frac{a_1 a_2 \cdots a_n}{a_i} \equiv 1 \pmod{a_i}, \quad i=1, 2, \cdots, n,$$

则

$$N \equiv \sum_{i=1}^{n} k_i R_i \frac{a_1 a_2 \cdots a_n}{a_i} \pmod{a_1 a_2 \cdots a_n}。$$

考察《数书九章》大衍类九个问题的算草，就会发现秦九韶解题过程与此定理蕴含的求解步骤大致相当。

（二）《孙子算经》物不知数问

一次同余方程组解法在中国古代有一个漫长的发展过程。

中国民间自古流传着"秦王暗点兵""韩信点兵""鬼谷算""隔墙算""剪管术"等数字游戏，实际上都是同余方程组问题。明代民间还流传着一首七绝：

三人同行七十稀，五树梅花廿一枝。

七子团圆正半月，除百令五便得知。

实际上，它是将公元400年前后（一说西晋成书）的《孙子算经》卷下的物不知数问歌诀化。物不知数问是世界数学著作中第一个一次同余方程组问题。这个问题是：

今有物不知其数。三、三数之，剩二；五、五数之，剩三；七、七数之，剩二。问：物几何？

答曰：二十三。

术曰："三、三数之，剩二"，置一百四十；"五、五数之，剩三"，置六十三；"七七数之，剩二"，置三十。并之，得二百三十三。以二百一十减之，即得。凡三、三数之剩一，则置七十；五、五数之剩一，则置二十一；七、七数之剩一，则置十五。一百六以上，以一百五减之，即得。

这是求满足一次同余方程组

$$N \equiv 2 \ (\bmod\ 3) \equiv 3 \ (\bmod\ 5) \equiv 2 \ (\bmod\ 7)$$

的最小正整数N。术文给出

$$N=（140+63+30）-210=23。$$

显然，其中$140=70\times2$，$63=21\times3$，$30=15\times2$。其中2，3，2依次是三、三数之，五、五数之，七、七数之的余数，而$70=2\times5\times7\equiv1（\bmod3）$，$21=1\times3\times7\equiv1（\bmod5）$，$15=1\times3\times5\equiv1（\bmod7）$。这正是术文后半段所表示的内容。可见，《孙子算经》的作者已经在某种程度上掌握了高斯定理。但《孙子算经》没有说明是怎么得出这个解法的。

清朝来华传教士伟烈亚力1852年在《中国数学科学札记》中将"物不知数"问题介绍到西方，后来它被称为"中国剩余定理"。这看起来是对中国古典数学的褒奖，其实质是贬低。它源于西方学术界在20世纪初期之前对中国古典数学的了解甚少，以为中国古典数学无足道者。因此，当他们知道中国古代还有某项可以称道的成就时，便以国家的名字命名。与此形成对照的是，从未有法兰西定理、英吉利定理、俄罗斯定理等称呼，甚至连阿拉伯定理、印度定理也没有见到过。这是大数学家关肇直院士20世纪80年代在审查《中国大百科全书：数学卷》第一版的稿件时的意见。

（三）历法制定中上元积年的计算

同余方程组解法的另一个来源是制定历法时推算上元积年的需要。古人治历首先注重历元，一定要以甲子那天恰好是夜半朔旦冬至作为起算的开始。此外，古人假设远古有"日月合璧，五星连珠"的一天，并将之定为上元，作为一部历法的一个理想的起算点。所谓上元，就是其时的日分、月分、甲子食分乃至日月五星行度都在同时。从上元到编订某部历法那年（所求年）所积累的年数，就是上元积年。从理论上说，日月五星各有自己的运动周期和假定的起点，这些起点的时刻距离某年十一月朔前面的甲子夜半各有一个时间差数。以各个周期和相应的差数来推算上元积年，是一个整数论上的一次同余方程问题。例如，设a为一回归年的日数，b为一朔望月的日数，R_1为所求年的冬至时刻到前面一个甲子的夜半的全部日数，R_2 为所求年冬至离十一月平朔的时间间隔，则上元积年 N 便满足一次同余方程组 $aN \equiv R_1 \pmod{60} \equiv R_2 \pmod{b}$。

西汉末年刘歆制定《三统历》时首次推算上元积年。从东汉刘洪的《乾象历》直到元代郭守敬的《授时历》，各家历法都列出了上元以来的积年作为历法的第一条。它们推算上元积年的具体方法记载不多，秦九韶认为都不自觉地应用了一次同余方程组解法，但"历家虽用，用而不知"，他们都认为是方程术即线性方程组解法，而不知道这是一次同余方程组解法。

二、秦九韶的一次同余方程组解法——大衍总数术

（一）大衍总数术

1. 大衍总数术原文

秦九韶在《数书九章》第一类"大衍"提出了大衍总数术（其中楷体字部分为术文，仿宋体字部分为秦九韶自注，后同）[①]：

> 大衍总数术曰：置诸问数：类名有四。一曰元数，谓尾位见单零者，本门揲蓍、酒息、斛粜、砌砖、失米之类是也。二曰收数，谓尾位见分厘者。假令冬至三百六十五日二十五刻，欲与甲子六十日为一会，而求积日之类。三曰通数，谓诸数各有分子、母者，本门问一会积年是也。四曰复数。谓尾位见十或百及千以上者，本门筑堤并急足之类是也。
>
> 元数者，先以两两连环求等，约奇弗约偶。或约得五而彼有十，乃约偶而弗约奇。或元数俱偶，约毕可存一位见偶；或皆约而犹有类数存，姑置之，俟与其他约遍而后乃与姑置者求等约之；或诸数皆不可尽类，则以诸元数命曰复数，以复数格入之。
>
> 收数者，乃命尾位分厘作单零，以进所问之数，定位讫，用元数格入之。或如意立数为母，收进分厘，以从所问，用通数格入之。

---

①转引自侯钢博士论文《秦九韶"大衍总数术"中问数化定数算法解析》。其中侯钢对宜稼堂丛书本《数书九章》的文字做了校勘，后不再注。

通数者，置问数，通分内子，互乘之，皆曰通数。求总等，不约一位，约众位，得各元法数，用元数格入之。或诸母数繁，就分从省通之者，皆不用元，各母仍求总等，存一位，约众位，亦各得元法数，亦用元数格入之。

复数者，问数尾位见十以上者。以诸数求总等，存一位，约众位，始得元数。两两连环求等，约奇弗约偶、复乘偶，或约偶弗约奇、复乘奇，皆续等下用之。或彼此可约而犹有类数存者，又相减以求续等，以续等约彼则必复乘此，乃得定数。所有元数、收数、通数三格，皆有复乘求定之理，悉可入之。

求定数，勿使两位见偶，勿使见一太多。见一多，则借用繁；不欲借，则任得一。以定相乘为衍母，以各定约衍母，各得衍数。或列各定为母于右行，各立天元一为子于左行，以母互乘子，亦得衍数。

诸衍数，各满定母去之，不满曰奇。以奇与定，用大衍求一入之，以求乘率。或奇得一者，便为乘率。

大衍求一术云：置奇右上，定居右下，立天元一于左上。先以右上除右下，所得商数与左上一相生，入左下。然后乃以右行上下以少除多，递互除之，所得商数随即递互累乘，归左行上下，须使右上末后奇一而止。乃验左上所得，以为乘率。或奇数已见单一者，便为乘率。

置各乘率，对乘衍数，得泛用。并泛，课衍母，多一者为正用。或泛多衍母倍数者，验元数，奇偶同类者，损其半倍，或三处同类，以三约衍母，于三处损之。各为正用数。或定母得一而衍数同衍母者，为无用数。当验元数同类者，而正用至多处借之。以元数两位求等，以等约衍母为借数，以借数损有以益其无，为正用。或数处无者，如意立数为母，约衍母，所得以如意子乘之，均借补之。或欲从省勿借，任之为空可也。然后其余各乘正用，为各总。并总，满衍母去之，不满为所求率数。

显然，大衍总数术包括三部分内容：第一部分是给出诸问数的定义，及将不两两互素的问数化为两两互素的定数的方法，即求定数的方法；第二部分是求乘率的方法，即"大衍求一术"；第三部分是用数的借补并给出求率数的方法，即给出问题的答案。下面分别阐述这三部分内容。

2．求定数

秦九韶将问数分为四类：元数、收数、通数和复数。元数系指个位数字非零的整数，收数系指小数，通数系指分数。由于分数、小数可以互化，所以收数、通数二类实为一类。复数系指个位数字为零的整数。

收数和通数最终都要先化为元数，再用元数求等化约的办法去求定数。诸元数的基本算法是先"两两连环求等"，即求问数 A_i 与 A_j（i，j=1，2，$\cdots$，n，$i \neq j$）的最大公约数（A_i，A_j）=d_{ij}，然后用 d_{ij} 再去约 A_i 或 A_j，其原则是"约奇弗约偶"。

然而，长期以来，中国数学史界对"约奇弗约偶"中"奇""偶"看法众说纷纭，大约有四类十几种看法，是中国古典数学算法中争论最多的问题。笔者认为，在这些看法中侯钢的看法比较正确，他认为，"约奇弗约偶"中的"奇""偶"系指等数的个数的单、双，而非指元数的单、双。"约奇弗约偶"就是在两个元数化约时，约含有奇数个等数的元数而不约含有偶数个等数的元数，化约时并不考虑元数本身的单双和等数本身的单双。

3．求乘率——"大衍求一术"

秦九韶将诸定数 a_i（i=1，2，$\cdots$，n）的乘积 $M=a_1 a_2 \cdots a_n$ 称为衍母，用各定数除衍母得 $M_i=\dfrac{M}{a_i}$（i=1，2，$\cdots$，n），将其称为衍数。当 $M_i > a_i$ 时，用 a_i 累减 M_i，则有 $M_i=k_i a_i+g_i$，且 $0 \leq g_i < a_i$，余数 g_i 被称为奇数。于是 $k_i M_i \equiv k_i g_i$（mod a_i），那么 $k_i M_i \equiv 1$（mod a_i），就与 $k_i g_i \equiv 1$（mod a_i）等价。解同余方程 $k_i g_i \equiv 1$（mod a_i）（i=1，2，$\cdots$，n），可得 k_i，诸 k_i 被称为乘率。此即秦九韶所说"以奇与定，用大衍求一入之，以求乘率"的理论依据。

秦九韶求乘率的"大衍求一术"就是：设 g，a 是正整数，$g < a$，由同余方程 $kg \equiv 1$（mod a）求乘率 k。将 g，a 辗转相除，并计算 c_i（i=1，2，$\cdots$，n），有

$$a=gq_1+r_1 \qquad\qquad c_1=q_1 \times 1$$

$$g=r_1 q_2+r_2 \qquad\qquad c_2=q_2 c_1+1$$

$$r_1=r_2 q_3+r_3 \qquad\qquad c_3=q_3 c_2+c_1$$

$$r_2 = r_3q_4 + r_4 \qquad\qquad\qquad c_4 = q_4c_3 + c_2$$

$$\vdots \qquad\qquad\qquad\qquad\qquad \vdots$$

$$r_{n-2} = r_{n-1}q_n + r_n \qquad\qquad c_n = q_nc_{n-1} + c_{n-2}$$

最后得到的c_n就是乘率k。由于"须使右上末后奇一而止。乃验左上所得，以为乘率"，故称之为"大衍求一术"。"须使右上末后奇一而止"实际上就是$r_n=1$，而n必须是偶数。如果不是偶数，则需要再辗转除一次。

4. 求率数

求得乘率及用数之后，由大衍总数术最后两句术文"其余各乘正用，为各总。并总，满衍母去之，不满为所求率数"，即可得到各总及总数，进而可以计算出所求率数，此即

$$N \equiv \sum_{i=1}^{n} k_iM_iR_i \ (\bmod \ a_1a_2 \cdots a_n)。$$

其中$k_iM_i \equiv 1 \ (\bmod \ a_i)$，$i=1$，$2$，$\cdots$，$n$。

（二）大衍总数术应用举例

秦九韶不仅把大衍总数术用于历法推算，而且用于建筑、行程、粟米交易、库额利息，甚至断案等方面的问题，这里仅举几例。

1. 推计土功

《数书九章》大衍类"推计土功"问是（略去答案与细草，后同）：

问：筑堤起四县夫，分给里步皆同，齐阔二丈。里法三百六十步，步法五尺八寸。人夫以物力差定。甲县物力一十三万八千六百贯，乙县物力一十四万六千三百贯，丙县物力一十九万二千五百贯，丁县物力一十八万四千八百贯。每力七百七十贯，科一名，春程人功平方六十尺，先到县先给。今甲、乙二县俱毕。丙县余五十一丈，丁县余一十八丈，不及一日，全功。欲知堤长及四县夫所筑各几何。

术曰：置各县力，以程功乘，为实；以力率乘堤齐阔，为法；除之，得各县日筑复数。有分者通之，互乘之，得通数。求总等，不约一位约众位，曰元数。连环求等，约奇得定母。陆续求衍数、奇数、乘率、用数。以丙、丁县不及数乘本用，并为总数。以定母相乘为衍母，满母去总数，得各县分给里步积尺数。以县数因之为堤长，各以里法步法约之为里步。

其程序为：若设各县筑堤长为 N，则此问相当于求解同余方程组

$$N \equiv 0 \ (\bmod 54),$$
$$N \equiv 0 \ (\bmod 57),$$
$$N \equiv 51 \ (\bmod 75),$$
$$N \equiv 18 \ (\bmod 72)。$$

甲 A_1=54，乙 A_2=57，丙 A_3=75，丁 A_4=72 为问数。求总等：（甲 A_1，乙 A_2，丙 A_3，丁 A_4）=（54，57，75，72）=3。

由于甲 A_1=54=3×18，乙 A_2=57=3×19，丙 A_3=75=3×25，丁 A_4=72=3×24，甲含有的等数最少，"不约一位，约众位"，即"约三位多者，不约其少者"，故不约甲，而约乙、丙、丁三数，得甲=54，乙=19，丙=25，丁=24，为诸元数。将它们两两连环求等。

一变：丁与诸数遍约。

（丁，丙）=（24，25）=1，不约。

（丁，乙）=（24，19）=1，不约。

（丁，甲）=（24，54）=（6×4，6×9）=6，约奇弗约偶，将甲约为9。

一变后，甲=9，乙=19，丙=25，丁=24，甲、丁仍有等数。

二变：丙与诸数遍约。

（丙，乙）=（25，19）=1，不约。

（丙，甲）=（25，9）=1，不约。

三变：乙与诸数遍约。

（乙，甲）=（19，9）=1，不约。

三变后，甲=9，乙=19，丙=25，丁=24。

（甲，丁）=（9，24）=（3×3，3×8）=3，约偶弗约奇，复乘奇，则约丁得8，变甲为9×3=27，且有（甲，丁）=（27，8）=1。

因此，甲a_1=27，乙a_2=19，丙a_3=25，丁a_4=8，成为定数。

接着就是由定数求乘率的方法。将诸定数相乘，得$M=\prod_{i=1}^{4}a_i=27\times19\times25\times8=102600$为衍母。$M_1=\frac{M}{a_1}=3800$，$M_2=\frac{M}{a_2}=5400$，$M_3=\frac{M}{a_3}=4104$，$M_4=\frac{M}{a_4}=12825$为诸衍数。

$$M_1=3800=140\times27+20=140a_1+g_1,$$
$$M_2=5400=284\times19+4=284a_2+g_2,$$
$$M_3=4104=164\times25+4=164a_3+g_3,$$
$$M_4=12825=1603\times8+1=1603a_4+g_4。$$

故g_1=20，g_2=4，g_3=4，g_4=1为诸奇数。

求乘率须求解同余方程组

$$3800k_1\equiv1（\bmod\ 27），$$
$$5400k_2\equiv1（\bmod\ 19），$$
$$4104k_3\equiv1（\bmod\ 25），$$
$$12825k_4\equiv1（\bmod\ 8）。$$

即转化为求解同余方程组

$$20k_1\equiv1（\bmod\ 27），$$
$$4k_2\equiv1（\bmod\ 19），$$
$$4k_3\equiv1（\bmod\ 25），$$
$$1k_4\equiv1（\bmod\ 8）。$$

用"大衍求一术"分别求乘率：

求 k_1 的程序：

天元1	$g=20$	1	$g=20=7\times2+6$
	$a=27=20\times1+7$	$c_1=1$	$r_1=7$ $q_1=1$

$c_2=2\times1+1=3$	$r_2=6$	$q_2=2$	$c_2=3$	$r_2=6=5\times1+1$
1	$r_1=7=6\times1+1$	$r_3=1$	$c_3=4=1\times3+1$	$r_3=1$ $q_3=1$

$c_4=5\times4+3=23$	$r_4=1$	$q_4=5$
$c_3=4$	$r_5=1$	故 $k_1=23$。

求 k_2 的程序：

天元1	$g=4$	1	$g=4=3\times1+1$
	$a=19=4\times4+3$	$c_1=4$	$r_1=3$ $q_1=4$

$c_2=4\times1+1=5$	$r_2=1$ $q_2=1$	
1	$r_1=3=2\times1+1$	故 $k_2=5$。

求 k_3 的程序：

天元1	$g=4$	1	$g=4=3\times1+1$
	$a=25=4\times6+1$	$c_1=6$	$r_1=1$ $q_1=6$

$c_2=3\times6+1=19$	$r_2=1$	$q_2=3$
1	$r_1=1$	故 $k_3=19$。

因为 $g_4=1$，所以不必算而知 $k_4=1$。总之，得到 $k_1=23$，$k_2=5$，$k_3=19$，$k_4=1$。而 $M_1=3800$，$M_2=5400$，$M_3=4104$，$M_4=12825$ 为衍数。$R_1=0$，$R_2=0$，$R_3=51$，$R_4=18$。$a_1a_2a_3a_4=27\times19\times25\times8=102600$ 为衍母。

于是，

$$N \equiv \sum_{i=1}^{4} k_i M_i R_i \left(\bmod a_1 a_2 a_3 a_4 \right)$$
$$\equiv 23 \times 3800 \times 0 + 5 \times 5400 \times 0 + 19 \times 4104 \times 51 + 1 \times 12825 \times 18$$
$$\equiv 4207626 \left(\bmod 102600 \right),$$

$N=1026$丈$=1768$步5尺6寸$=4$里428步5尺6寸，

为各县所给道里步尺数。

2. 余米推数

《数书九章》大衍类"余米推数"问的模数本身就是两两互素的，这个问题是：

问：有米铺诉被盗去米，一般三箩，皆适满，不记细数。今左壁箩剩一合，中间箩剩一升四合，右壁箩剩一合。后获贼，系甲、乙、丙三名。甲称当夜摸得马杓，在左壁箩满舀入布袋。乙称踢着木履，在中箩舀入袋。丙称摸得漆椀，在右边箩舀入袋。将归食用，日久不知数。索到三器，马杓满容一升九合，木履容一升七合，漆椀容一升二合。欲知所失米数、计赃结断三盗各几何？

术曰：以大衍求之。列三器所容为元数。连环求等，约为定母。以相乘，为衍母。以定各约衍母，得衍数。各满定母去之，得奇。以奇、定，用大衍，求得乘率。以乘衍数，得用数。次以各剩米乘用，并之，为总。满衍母去之，不满为每箩米。各以剩米减之，余为甲、乙、丙盗米。并之，为共失米。

10合为1升。这个问题实际上是求同余方程组

$$N \equiv 1 \left(\bmod 19 \right) \equiv 14 \left(\bmod 17 \right) \equiv 1 \left(\bmod 12 \right)$$

的解。将19，17，12依次记为a_1，a_2，a_3。由于它们两两互素，便为定数。衍母为$M=\prod_{i=1}^{3}a_i=19\times17\times12=3876$，衍数依次是$M_1=\dfrac{M}{a_1}=17\times12=204$，$M_2=\dfrac{M}{a_2}=19\times12=228$，$M_3=\dfrac{M}{a_3}=19\times17=323$。求分别满足$k_1\times204\equiv1$（mod 19），$k_2\times228\equiv1$（mod 17），$k_3\times323\equiv1$（mod 12）的乘率$k_1$，$k_2$，$k_3$。由于衍数分别大于定数，便用定数减衍数，得奇数14，7，11。问题变成求分别满足$k_1\times14\equiv1$（mod 19），$k_2\times7\equiv1$（mod 17），$k_3\times11\equiv1$（mod 12）的k_1，k_2，k_3。

求k_1的程序：

1	14	1	14=5×2+4
	19=14×1+5	1	5　　1

2×1+1=3	4　　2	3	4=1×3+1
1	5=4×1+1	1×3+1=4	1　　1

3×4+3=15	1　　3	
4	1	故$k_1=15$。

求k_2的程序：

1	7	1	7=3×2+1
	17=7×2+3	2×1=2	3　　2

2×2+1=5	1　　2	
2	3	故$k_2=5$。

求k_3的程序：

1	11	1	11=1×10+1
	12=11×1+1	1	1

$$10 \times 1+1=11 \qquad 1 \qquad 10$$
$$1 \qquad 1 \qquad\qquad 故 k_3=11。$$

于是

$$N \equiv （1 \times 15 \times 204+14 \times 5 \times 228+1 \times 11 \times 323）（mod\ 3876）$$
$$\equiv 22573（mod\ 3876）。$$

故N=3193。

每箩米数3193合，甲、丙盗米各为3192合，乙盗米3179合，共盗米9563合。

秦九韶关于一次同余方程组的解题方法大致是正确的。问数须满足的三个条件在秦九韶著作中虽然没有明确记载，但如果按照大衍总数术的术文正确计算的话，则所得的数均能满足这三个条件。

（三）秦九韶的大衍总数术在世界数学史上的地位

秦九韶的大衍总数术超前其他文化传统几个世纪，在世界数学史上占有崇高地位。在欧洲，意大利数学家斐波那契（Fibonacci，约1170—约1250）在《算盘书》（1202）中最早谈到一次同余方程组问题，但没有一般解法。500多年后，瑞士欧拉（Euler，1701—1783）、法国拉格朗日（Lagrange，1736—1813）都研究了一次同余方程组。1801年，德国高斯（Gauss，1777—1855）、荷兰斯提尔吉斯（Stieltjes，1856—1894）等做了更深入的研究，达到或超过了秦九韶的水平。

在中国，秦九韶之后的南宋杨辉、明严恭、明程大位等都研究过同余方程组问题，但其水平远远低于秦九韶。

比利时的中国数学史家李倍始将一次同余方程组的解法分成10个要素：

（1）提出问题，附特解，未述解法；

（2）零散设题，算法限于一些特殊数据；

（3）限于一套数据的某种算法；

（4）限于特例的证明；

（5）两两互素模的一般算法，未解；

（6）两两互素模的一般算法，有解；

（7）两两不互素模的一般算法，未证；

（8）两两不互素模的一般算法，并给出有解的条件；

（9）给出（5）的证明；

（10）给出（7）的证明。

然后，他将从《孙子算经》到斯提尔吉斯共15个有代表性的数学家或著作作为比较对象，得到一份工作质量的排行表，如下：

数学家或著作	年代	(1)	(2)	(3)	(4)	(5)	(6)	(7)	(8)	(9)	(10)
孙子算经	约400	√	√								
斐波那契	1202	√	√	√							
秦九韶	1247	√	√	√			√	√	√	√	
杨辉	1275	√	√	√							
阿古洛斯（Argyros）	约1350	√	√								
严恭	1372	√									
慕尼黑手稿	约1450	√	√	√	√	?					
玉山若干（Regiomontanus）	约1460	√	?								
哥廷根手稿	约1550	√	√	√	√	√	√	√			
程大位	1592	√	√								
休顿（Schooten）	1657	√	√	√		√					
贝维立基（Beveridge）	1669	√	√	√	√				√		
欧拉	1743	√	√	√	√	√			√		
高斯	1801	√	√	√	√	√	√		√		
斯提尔吉斯	1890	√	√	√	√	√	√	√	√	√	√

由此可见，16世纪中叶的哥廷根手稿、17世纪中叶的贝维立基、18世纪中叶

的欧拉和19世纪初的高斯才在有的要素上超过了秦九韶，而还有的要素上没有达到秦九韶的水平，直到19世纪末斯提尔吉斯才全面超过了秦九韶。由此便可看出秦九韶在一次同余方程组研究上的超前和崇高地位。

第二节 正负开方术——高次方程数值解法

一、秦九韶之前的开方术研究

（一）古今开方、方程含义之区别

今之开方，一般仅指求解形如$x^n=A$（$n \geqslant 2$）的二项方程的根的过程，而对求解形如$a_0x^n+a_1x^{n-1}+\cdots+a_{n-1}x=A$的方程的根，则称之为解方程；中国古代则将这两种过程都称为开方，甚至在金元时期将$n=1$的情形也称为"开无隅平方"。同时，今之开平方，中国古代称之为"开方"，开立方的术语古今相同，而开四次方，则称之为"开三乘方"，并且，一般地，今之开n次方，中国古代称之为"开$n-1$次方"。

今之线性方程组在中国古典数学中称为"方程"，与今之"方程"的含义不同。1859年，李善兰（1811—1882）与传教士伟烈亚力（A.Wylie，1815—1887）合译棣么甘（De Morgen，1806—1871）的《代数学》时，将equation译作"方程"。1872年，华蘅芳（1833—1902）与传教士傅兰雅（J.Fryer，1839—1871）合译华里司（William Wallace，1768—1843）的《代数术》时，将equation译作"方程式"。华蘅芳在《学算笔谈》（1896）等著作中将"方程""方程式"并用，前者仍是《九章算术》本义，后者指equation。1934年，数学名词委员会确定用"方程（式）"表示equation，而用"线性方程组"表示中国古代的"方程"。1956年，科学出版社出版的《数学名词》按照傅钟孙的意见，去掉了"式"字，而用"线性方程组"表示中国古代的方程，最终改变了"方程"的本义。

实际上，"方程"的本义是并而程之。方即"并"。《说文解字》云："方，并船也。像两舟，省总头形。""程"的本义是度量名，引申为事务的标准。《荀子·致仕》云："程者，物之准也。"《九章算术》中的"冬程人功""春程人功""夏程人功""秋程人功"以及"程功""程行""程粟"等皆指标准度量。因此，"方程"的本义是"并而程之"，就是将诸物之间的几个数量关系并列起来，考察其度量标准。一个数量关系排成有顺序的一行，像一根竹子或木棍。将它们一行行并列起来，恰似一条竹筏或木筏，形象地摹画了方程的形状。刘徽对"方程"的注解是：

> 程，课程也。群物总杂，各列有数，总言其实。令每行为率，二物者再程，三物者三程，皆如物数程之，并列为行，故谓之方程。行之左右无所同存，且为有所据而言耳。

这是刘徽关于"方程"的定义，显然完全符合《九章算术》方程的本义。贾宪《黄帝九章算经细草》说："谓方者，数之形也。程者，量度之总名，亦权、衡、丈、尺、斛、斗之平法也。尤课分明多寡之义。"此"数之形"指并，也是正确的。

但是，由于明代数学落后，汉唐宋元数学著作大都失传，残存的《九章算术》及其刘徽注等著作藏于深宫或藏书家手中，一般数学家都读不到，从明末起，数学界对方程的含义产生了许多误解。清梅文鼎（1633—1721）在《方程论》中说："方，比方也。程者，法程也。程，课也。数有难知者，据现在之数以比方而程课之，则不可知而知。"这类误解一直延续到20世纪60年代甚至80年代。近人钱宝琮在其主编的《中国数学史》（1964）中说："联立一次方程组各项未知量的系数用算筹表示时有如方阵，所以叫作方程。"显然背离了方程的本义。

（二）《九章算术》的开方术及刘徽的改进

1. 《九章算术》的开方术

《周髀算经》卷上陈子答荣方问中求人到太阳的距离时用到了开平方法，但没给出开方程序。《九章算术》少广章在世界数学史上首次提出了完整的开平方法和开立方法。这里仅列出开平方法：

开方术曰：置积为实。借一算，步之，超一等。议所得，以一乘所借一算为法，而以除。除已，倍法为定法。其复除，折法而下。复置借算，步之如初。以复议一乘之，所得，副以加定法，以除。以所得副从定法。复除，折下如前。

这是一个具有普遍性、抽象性的开平方程序：

①作四行布算：第一行是议得。第二行布置积，称为实，即被开方数。第三行是法。在最下一行的个位上布置一枚算筹表示未知数的平方，称为"借算"。设实为A，这实际上赋予所列筹式以一个二次代数方程的意义：$x^2=A$。

②将借算自右向左移动，隔一位移一步，移到与实的最高位（当A的位数n为奇数时）或次高位（当n为偶数时）对齐为止。那么，借算移$\frac{n-1}{2}$（n为奇数）或$\frac{n}{2}-1$步（n为偶数），根就有比步数多一位的数字（n为奇数时为$\frac{n+1}{2}$步，n为偶数时为$\frac{n}{2}$步）。经过这种变形之后，借算由代表x^2变成$10^{n-1}x_1^2$（n为奇数）或$10^{n-2}x_1^2$（n为偶数）。开方式变成$10^{n-1}x_1^2=A$或$10^{n-2}x_1^2=A$。

③议得根的第一位得数，使其一次方乘借算为法：$10^{n-1}a_1$或$10^{n-2}a_1$，并且，以法除实时，其商的整数部分恰好为a_1。亦即：$A\div10^{n-1}a_1=a_1+\frac{A_1}{10^{n-1}a_1}$或$A\div10^{n-2}a_1=a_1+\frac{A_1}{10^{n-2}a_1}$，其中$A_1$为余实。同时，借算自动消失。

④为求根的第二位得数，将法加倍：$2\times10^{n-1}a_1$或$2\times10^{n-2}a_1$，作为定法。将法退一位，再在下行个位上布置借算。

⑤像②那样，将借算自右向左隔一位移一步，相当于求方程（在n为奇数时，偶数类此）$10^{n-3}x_1^2+2\times10^{n-2}a_1x_1=A_1$的正根。

⑥复议得根的第二位得数a_2，在旁边以a_2的一次方乘借算得$10^{n-3}a_2$，

加到定法上，为$2 \times 10^{n-2}a_1 + 10^{n-3}a_2$，同样，使得$A_1 \div (2 \times 10^{n-2}a_1 + 10^{n-3}a_2) = a_2 + \dfrac{A_2}{2 \times 10^{n-2}a_1 + 10^{n-3}a_2}$，其中$A_2$亦为余实。如此继续下去。

值得注意的是，开方术中的"而以除"的"除"，不是以第一位得数的平方减实，即不是$A - a_1^2$的过程，而是"以法除实"，其中"法""实"都是除法中的意义。这就是为什么开方术又被称为"开方除之"。许多中国数学史著述将"以除"理解成$A - a_1^2$，是以刘徽对开方术的改进取代《九章算术》的程序。

对《九章算术》的开立方术的理解亦类此，只是更复杂一些。

2. 刘徽对开方术的几何解释和改进

刘徽《九章算术注》对《九章算术》的开方术做了几何解释和改进。

（1）刘徽对开方术的几何解释

《九章算术》的开平方术是面积问题的逆运算，刘徽因此提出开平方是"求方幂之一面"，即求面积为已知的正方形的边长（见图3-1）。那么，若面积是百位数，则边长就是十位数；若面积是万位数，则边长就是百位数。议所得即根的第一位得数就是正方形黄甲的边长；《九章算术》得出法之后，以法除实，刘徽则改成将边长自乘，以减实，即从原正方形中除去黄甲的面积。《九章算术》将法加倍，作为定法，刘徽认为是预先张开两块朱幂已经确定的长，以准备求第二位得数，即朱幂的宽，所以称为定法。朱幂位于黄甲的相邻两侧。折法就是通过将定法退位使其缩小。确定第二位得数，就是朱幂的宽，也是小正方形黄乙的边长。从原正方形中再除去两朱幂和黄乙的面积。如此继续下去。

图3-1　刘徽对开方术的几何解释

类似于对开平方术的解释，刘徽认为开立方就是"立方适等，求其一面也"，即求体积为被开方数的正方体的边长。因此，"言千之面十，言百万之面百"，就是说，被开方数是千位数，边长就是十位数；被开方数是百万位数，边长就是百位数。"议所得，以再乘所借一算为法，而除之"的意义是"再乘者，亦求为方幂。以上议命而除之，则立方等也"（见图3-2）。设被开方数为A，"议所得"即根的第一位得数是a_1。在这里，刘徽将《九章算术》的以法a_1^2除实A而得a_1，改进为以a_1^3减A，即$A-a_1^3=A_1$。a_1^3就是以a_1为边长的正方体的体积［见图3-2（2）］。术文"除已，三之为定法"的意义是"为当复除，故豫张三面，以定方幂为定法也"。即已经确定了三方，作为定法，也就是三个扁平的长方体的面a_1^2；这三个扁平长方体实际上位于以第一位得数a_1为边长的正方体的旁边［见图3-2（3）］。术文"复除，折而下"的意义是"复除者，三面方幂以皆自乘之数，须得折、议定其厚薄尔"，也就是将a_1^2退位，以议定三个扁平长方体的厚薄a_2；复除时为什么要"折而下"也就是"退位"呢？刘徽说："开平幂者，方百之面十；开立幂者，方千之面十。据定法已有成方之幂，故复除当以千为百，折下一等也。"术文"以三乘所得数，置中行"的意义是"设三廉之定长"，即已经确定了三廉，也就是三个长条的长方体的长a_1，这三个长条长方体的一端都与以第二位得数a_2为边长的小正方体连接［见图3-2（4）］。术文"复借一算，置下行"的意义是"欲以为隅方，立方等未有定数，且置一算定其位"。如图3-2（5），也就是欲求位于隅角上的小正方体的边长，亦即第二位得数a_2，因为还不知道它的数值是多少，故先借一算以确定它的位置。在求出第一位得数后，刘徽实际上改变了《九章算术》还上"借算"，在求第二位得数时"复借一算"的做法，而采取"方法"退一位，"廉法"退二位，"隅法"退三位的做法。因此，对术文"步之，中超一、下超二等"，刘徽说："上方法，长自乘而一折；中廉法，但有长，故降一等；下隅法，无面长，故又降一等也。"对术文"复置议，以一乘中，再乘下，皆副以加定法。以定除"，刘徽认为"以一乘中"是"为三廉之备幂也"，即以第二位得数a_2乘a_1，是为三个廉法准备的幂a_1a_2；"再乘下"是"令隅自乘，为方幂也"，即以第二位得数的二次方a_2^2乘1，作为方幂。那么，"三面、三廉、一隅皆已有幂，以上议命之而除去三幂之厚也"，也就是从剩余的实A_1中除去$3a_1^2a_2$，$3a_1a_2^2$，a_2^3。总之，得出根的第一位得数a_1，第二位得数a_2，余实变成$A-a_1^3-（3a_1^2a_2+3a_1a_2^2+a_2^3）=A-（a_1+a_2）^3=A_2$。若$A_2\neq0$，需要继续开方。

刘徽说："言不尽意，解此要当以棋，乃得明耳。"即以棋解释开立方术（见图3-2）。

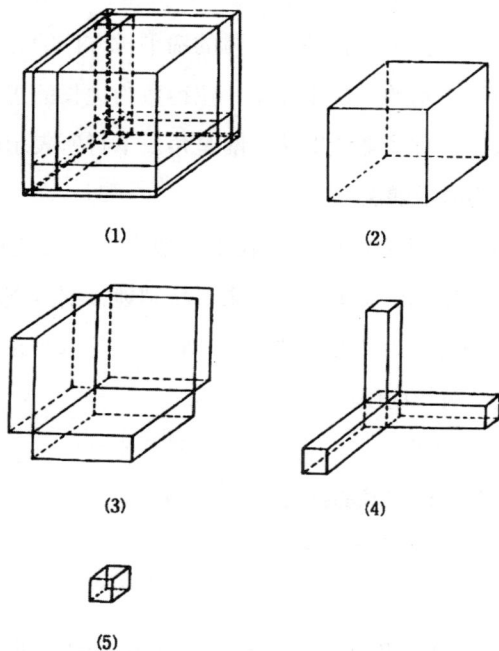

图3-2　刘徽对开立方的几何解释

（2）刘徽对开方术的改进

由刘徽对开方术和开立方术的几何解释可以看出，他对《九章算术》的开方法做了许多改进。

首先，刘徽将《九章算术》的以法（或定法）除实，在开平方时改进为以开方得数的平方a_1^2或$2a_1a_2+a_2^2$减实，在开立方时改进为以开方得数的立方a_1^3或$3a_1^2a_2+3a_1a_2^2+a_2^3$减实。

其次，在求第二位及其以下各位得数时，刘徽改变了《九章算术》求出第一位得数后撤去借算而在继续开方时复置借算，并在开立方时将中行置于个位复"步之"以求减根方程的做法，而是先保留由借算变成的法及中行、下行的位置，对之做相应的变换后使之一退、二退、三退，以求减根方程。这样，使整个开方程序连贯下来，因而程序性更强。此后，从《孙子算经》起，所有的开方法均遵从这种方式。

再次，在开立方术中，刘徽根据法（或定法）、中行、下行在几何解释中的形状和位置（见图3-2），将其分别称之为方法、廉法、隅法。求第二位得数时的定法是位于以第一位得数为边长的正方体的扁平长方体的方幂，故称为方或方法。廉是侧棱。中行所表示的是位于以第一位得数为边长的正方体和三方的侧边三个条形长方体的长，故称为廉或廉法。隅是角。下行所表示的是位于一角的小正方体的方幂，故称为隅或隅法。

刘徽对《九章算术》开方法的改进在中国数学史上影响极大。以上三项都被后来尤其是秦九韶等宋元数学家继承下来。特别地，刘徽创造的"方法""廉法""隅法"（或分别简称为"方""廉""隅"）等术语在秦九韶的《数书九章》中和中国数学史上被长期使用。

（三）贾宪、刘益对开方术的推进

1. 贾宪的立成释锁法和贾宪三角

（1）立成释锁法

贾宪汲取了刘徽等对《九章算术》开创的开方术的改进，在《黄帝九章算经细草》中提出"立成释锁法"。"释锁"就是开方，将一个数的开方比喻为打开一把锁。"立成"是唐宋历算学家将一些常数列成的算表，供计算人员使用。因此，"立成释锁法"就是借助一个常数表进行开方的方法。其立成释锁立方方法是：

立方法曰：置积为实，别置一算名曰下法，于实数之下。自末至首，常超二位。约实。上商置第一位得数。下法之上亦置上商，又乘为平方。命上商，除实，讫。三因平方，一退。亦三因从方面，二退，为廉。下法三退。续商第二位得数。下法之上亦置上商，为隅。以上商数乘廉、隅，命上商，除实，讫。

求第一位得数时作上商、实、方、廉、下法五行布算，求第二位得数时作上商、实、方、廉、隅、下法六行布算。而在下法之上布置隅之后，下法不再投入运算，实际上仍为五行布算。在贾宪的立成释锁平方法中，下法之上所置之上商，亦称为"隅"。

（2）贾宪三角

"立成释锁法"中的"立成"就是贾宪三角。

贾宪三角的原名是"开方作法本源"，又称之为"释锁求廉本源"。中学数学教科书和许多科普读物中将其称作"杨辉三角"，是以讹传讹。《永乐大典》所引杨辉《详解九章算法》中注曰："出释锁算书，贾宪用此术。"可见是贾宪最先用到它，应该称为"贾宪三角"。

所谓贾宪三角，就是将整次幂二项式$(a+b)^n$（$n=0$，1，2，…）的展开式的系数自上而下摆成的等腰三角形数表（见图3-3）。贾宪三角下面有几句话：

左衰乃积数，右衰乃隅算，中藏者皆廉。以廉乘商方，命实而除之。

前三句说明了贾宪三角的结构：最外左、右斜线上的数字，分别是二项式$(a+b)^n$（$n=0$，1，2，…）展开式中a^n和b^n的系数，中间的数"二，三、三，四、六、四，……"分别是各廉。后两句说明了各系数在立成释锁法中的作用。其中，二和三、三分别用于开平方和开立方，四、六、四，五、十、十、五，……分别用于开四次方（古代称为三乘方）、五次方（四乘方）……虽然贾宪只给出了立成释锁平方法、立成释锁立方法的程序，但是，贾宪三角的提出说明他已经能开任意高次方，这是一个重大突破。

图3-3 《永乐大典》所载贾宪三角图

2．贾宪创造的增乘开方法

贾宪创造的增乘开方法是宋元时期开方术的重大进展。增乘开方法似是递增开某乘方法的省称。《永乐大典》载贾宪的递增三乘开方法（楷体字部分为"法"，仿宋体字部分为细草）：

积一百三十三万六千三百三十六尺。问：三乘方几何？

递增三乘开方法草曰：上商得数，下法增为立方，除实，即原乘意。置积为实。别置一算，名曰下法。于实末常超三位，约实。一乘超一位，三乘超三位。万下定实。上商得数。三十。乘下法，生下廉。三十。乘下廉，生上廉。九百。乘上廉，生立方。二万七千。命上商，除实。余五十二万六千三百三十六。作法商第二位得数。以上商乘下法入下廉。共六十。乘下廉入上廉，共二千七百。乘上廉入方，共一十万八千。又乘下法入下廉，共九十。乘下廉入上廉。共五千四百。乘下法入下廉。共一百二十。方一、上廉二、下廉三、下法四退。方一十万八千，上廉五千四百，下廉一百二十，下法定一。又于上商之次续商置得数。第二位四。以乘下法入廉。一百二十四。乘下廉入上廉。共五千八百九十六。乘上廉，并为立方。一十三万一千五百八十四。命上商，除实，尽，得三乘方一面之数。如三位立方，依第二位取用。

这是求 $x^4=1336336$ 的正根 $x=34$ 的程序。

3．刘益的贡献

贾宪的增乘开方法在其《黄帝九章算经细草》中只用于今天之开方，即求二项方程之正根。而且，自祖冲之《缀术》失传之后，到11世纪中叶，人们只能解正系数方程。重新突破这一限制的是北宋数学家刘益。他著《议古根源》，根据杨辉《田亩比类乘除捷法·自序》说：

中山刘先生作《议古根源》，序曰："……撰成直田演段百问，信知田体变化无穷。引用带纵开方正负损益之法，前古所未闻也。"

刘益提出了益积开方术和减从开方术及其细草。

二、秦九韶的正负开方术

刘益之后100多年间的数学著作基本失传，开方术的发展状况不清楚。自1247年秦九韶完成《数书九章》起到1303年朱世杰刊刻其《四元玉鉴》这半个多世纪，开方法是秦九韶、李冶、杨辉、朱世杰等的著作的最重要内容。这些内容表明，以贾宪的增乘开方法为主导的求高次方程正根的方法，已经发展到十分完备的境地。

（一）正负开方术

秦九韶《数书九章》中有21个问题需要用开方术求解，共列出32个开方式。其中二次方程（含二项方程）26个，三次方程1个，四次方程4个，十次方程1个，全部用增乘开方法求其正根。而且，除2个开平方的问题外，都列出筹算细草，因此，我们对秦九韶的开方法了解得比较清楚。秦九韶继承了刘徽、贾宪的术语，将方程

$$a_0x^n+a_1x^{n-1}+a_2x^{n-2}+\cdots+a_{n-1}x+a_n=0, \quad a_n<0 \qquad （3-1）$$

的未知数最高次幂的系数a_0称为"隅"，a_1称为"第$n-1$廉"，a_2称为"第$n-2$廉"，……a_{n-1}称为"方"，a_n称为"实"。a_1，a_2，a_3，…，a_{n-1}可以是整数，也可以是小数、分数。隅的绝对值$|a_0|$通常为1，若$|a_0|\neq1$，则称为"连枝"开方。对4次方程，如果只有2个廉，则分别称为"上廉""下廉"。

今以田域类"尖田求积"问为例说明之。

1."尖田求积"问的求解

"尖田求积"问是：

　　问：有两尖田一段，其尖长不等。两大斜三十九步，两小斜二十五步，

中广三十步。欲知其积几何。

术曰：以少广求之，翻法入之。置半广，自乘为半幂，与小斜幂相减、相乘为小率。以半幂与大斜幂相减、相乘为大率。以二率相减余自乘为实。并二率，倍之为从上廉。以一为益隅。开翻法三乘方，得积。一位开尽者，不用翻法。

赵琦美家钞本《数书九章》尖田求积问的图如图3-4（1）所示。如图3-4（2），设中广为$2a$，大斜为c_1，小斜为c_2，两等腰三角形的面积分别是A_1，A_2，则尖田的面积为$x=A_1+A_2$，$A_1=a\sqrt{c_1^2-a^2}$，$A_2=a\sqrt{c_2^2-a^2}$。钱宝琮认为，A_1，A_2一般都是开方不尽的平方根，要立一个以x为未知数的有理数方程，必须将$x=A_1+A_2$两端平方，得

$$x^2=(A_1+A_2)^2=A_1^2+2A_1A_2+A_2^2。$$

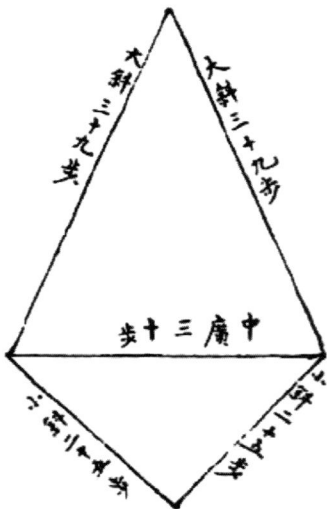

（1）尖田图（赵琦美家钞本）　　　　　　　（2）

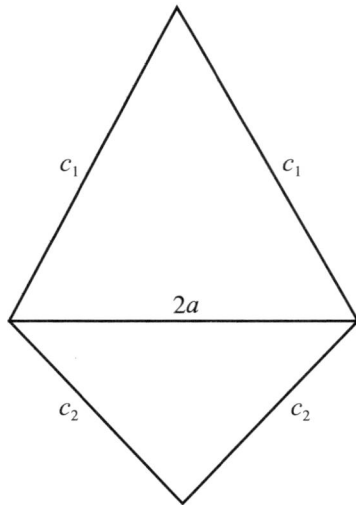

图3-4　尖田求积图

又因右端第2项还是无理数，故

$$x^2-\left(A_1^2+A_2^2\right)=2A_1A_2,$$
$$x^4-2\left(A_1^2+A_2^2\right)x^2+\left(A_1^2+A_2^2\right)^2=4A_1^2A_2^2。$$

秦九韶将 $A_2^2=a^2\left(c_2^2-a^2\right)$ 称为"小率"，$A_1^2=a^2\left(c_1^2-a^2\right)$ 称为"大率"。将它们代入上式，便列出以尖田面积 x 为根的四次方程：

$$-x^4+2\left[a^2\left(c_2^2-a^2\right)+a^2\left(c_1^2-a^2\right)\right]x^2-\left[a^2\left(c_1^2-a^2\right)-a^2\left(c_2^2-a^2\right)\right]=0。\quad（3-2）$$

秦九韶给出了求四次方程的细草：

草曰：置广三十步，以半之，得一十五。以自乘，得二百二十五为半幂。以小斜二十五步自乘，得六百二十五，为小斜幂。与半幂相减，余四百。与半幂二百二十五相乘，得九万步，为小率。置大斜三十九步，自乘，得一千五百二十一，为大斜幂。与半幂二百二十五相减，余一千二百九十六。与半幂二百二十五相乘，得二十九万一千六百，为大率。以小率九万减大率，余二十万一千六百。自乘，得四百六亿四千二百五十六万，为实。以小率九万并大率二十九万一千六百，得三十八万一千六百。倍之，七十六万三千二百，为从上廉。以一为益隅，开玲珑翻法三乘方，步法。乃以从廉超一位，益廉超三位，约商得十。今再超进，乃商置百。其从上廉为七十六亿三千二百万，其益隅为一亿。约实，置商八百，为定商。以商生益隅，得八亿，为益下廉。又以商生下廉，得六十四亿，为益上廉。与从上廉七十六亿三千二百万相消，从上廉余十二亿三千二百万。又与商相生，得九十八亿五千六百万，为从方。又与商相生，得七百八十八亿四千八百万，为正积。与元实四百六亿四千二百五十六万相消，正积余三百八十二亿五百四十四万，为正实。又以益隅一亿与商相生，得八亿。增入益下廉，为一十六亿。又以益下廉与商相生，得一百二十八亿，为益上廉。乃以益上廉与从上廉一十二亿三千二百万相消，余一百一十五亿六千八百万，为益上廉。又与商相生，得九百二十五亿四千四百万，为益方。与从方九十八亿五千六百万相消，益方余八百二十六亿八千八百万，为益方。又以商生益隅一亿，得八亿。增入益下廉，得二十四亿。又以商相生，得一百九十二亿。入益上廉，得三百七亿六千八百万，为益上廉。又以商生益隅一亿，得八亿。入益下廉，得三十二亿。毕，其益方一退，为八十二亿六千八百八十万。益上廉再退，得三亿七百六十八万。益下廉三退，得三百二十万。益隅四退，为一万。毕，乃约正实。续置商四十步。与益隅一万相生，得四万。入益下廉，为三百二十四万。又与商相生，得一千二百九十六万。入益上廉内，为三亿二千六十四万。又与商相生，得一十二亿八千二百五十六万。入益方①内，为九十五亿五千一百三十六万。乃命上续商四十，除实适尽。所得八百四十步，为田积。今列求率开方图于后②：

| 3 0 | 2 2 5 | 1 5 2 1 |
| 中广之步 | 相半，减幂 | 大斜幂　相减 |

| 1 5 | 6 2 5 | 2 2 5 |
| 半广 | 小斜幂 | |

| 自乘 1 5 | 2 2 5 | 1 2 9 6 |
| | 相半，乘幂 | 相乘　减 |

| 2 2 5 | 4 0 0 | 2 2 5 |
| 半幂 | 余 | 半幂 |

---

①益方，宜稼堂本讹作"从方"，依王守义《数书九章新释》校正。
②原为算筹数字，今改为阿拉伯数字。另，以下各栏原为自右向左排列，今改为自左向右排列。

２５	９００００	２９１６００
小斜	小率	大率
自乘２５	３９	２９１６００
	大斜	大率
		相减
６２５	自乘３９	９００００
小斜幂		小率

２０１６００

余

２０１６００

自乘为实

４０６４２５６００００

实

２９１６００

大率

相并

９００００

小率

３８１６００

得

倍之为从上廉　　２

倍数

７６３２００

从上廉

以一为益隅

$$1$$

益隅

这就是将中广$2a=30$、大斜$c_1=39$、小斜$c_2=25$代入上述四次方程（3-2），便列出开方式：

$$-x^4+763200x^2-40642560000=0。$$

接着，秦九韶给出了"正负开三乘方图"，即筹式细草。原草有21个筹式，现归约为8个，并将筹式数字改为阿拉伯数字，其序号①②……为笔者所加。

正负开三乘方图

术曰：商常为正，实常为负，从常为正，益常为负。

商		商	
实	−40642560000	实	−40642560000
虚方	0	虚方	0
从上廉	763200	从上廉	763200
虚下廉	0	虚下廉	0
益隅	−1	益隅	−1

①　　　　　　　　　　②上廉超一位，益隅超三位，商数进一位。上廉再超一位，益隅再超三位，商数再进一位。

商	800	商	800
实	38205440000	实	38205440000
方	98560000	方	−826880000

上廉	1 2 3 2 0 0	上廉	−1 1 5 6 8 0 0
下廉	−8 0 0	下廉	−1 6 0 0
益隅	−1	益隅	−1

③商八百为定。以商生隅，入益
下廉；以商生下廉，消从上廉；
以商生上廉，入方；以商生方，
得正积。乃与实相消。以负实
消正积，其积乃有余，为正实，
谓之"换骨"。

④一变：以商生隅，入下廉；
以商生下廉，入上廉内，相消。
以正负上廉相消。以商生上廉，
入方内，相消。以正负方相消。

商	8 0 0
实	3 8 2 0 5 4 4 0 0 0 0
方	−8 2 6 8 8 0 0 0 0
上廉	−3 0 7 6 8 0 0
下廉	−2 4 0 0
益隅	−1

商	8 0 0
实	3 8 2 0 5 4 4 0 0 0 0
方	−8 2 6 8 8 0 0 0 0
上廉	−3 0 7 6 8 0 0
下廉	−3 2 0 0
益隅	−1

⑤二变：以商生隅，入下廉；
以商生下廉，入上廉。

⑥三变：以商生隅，入下廉。

商	8 0 0
实	3 8 2 0 5 4 4 0 0 0 0
方	−8 2 6 8 8 0 0 0 0
上廉	−3 0 7 6 8 0 0
下廉	−3 2 0 0
益隅	−1

商	8 4 0
实	0 0 0 0 0 0 0 0 0 0 0
方	−9 5 5 1 3 6 0 0 0
上廉	−3 2 0 6 4 0 0
下廉	−3 2 4 0
益隅	−1

⑦四变：方一退，上廉二退，下廉三退，隅四退。商续置。　⑧以方约实，续商置四十，生隅入下廉内。以商生下廉，入上廉内。以商生上廉，入方内。以续商四十命方法，除实，适尽。所得商数八百四十步为田积。

已上系开三乘方翻法图。后篇效此。

秦九韶说"后篇效此"，说明这是一个普遍方法，即其基本程序和方法是增乘开方法，或者说是以增乘开方法为主导的。

2. 秦九韶正负开方术中几个值得注意的问题

秦九韶的正负开方术有几个问题值得注意。

第一，在"尖田求积"问中，秦九韶规定"实常为负"。在其他问题的开方程序中，其常数项也都为负数。由于以−1乘整个开方式，不改变它的解，因此这种规定不影响方法的一般性。但是，可以将随乘随加的运算进行到底，不像贾宪原来的增乘开方法那样，前面都是随乘随加，最后与实相消用减法。

第二，在开方过程中，一般来说，其常数项的符号不变，而其绝对值越来越小，甚至变成0。但是，有时会出现两种特殊情形：

一是出现常数项改变符号的情形。如在"尖田求积"问中，在求出根的第一位得数800之后，求减根方程的第③步时，常数项由−40642560000变成了38205440000，改变了符号。秦九韶说："以负实消正积，其积乃有余，为正实，谓之'换骨'。"整个开方过程称为"以少广求之，翻法入之"，由"开翻法三乘方，得积"。在开方细草的最后总结道："已上系开三乘方翻法图。""翻法"也就是"换骨"，指常数项改变符号。在现有资料中，术语"翻法"最先见于杨辉《田亩比类乘除捷法》所引的北宋刘益的《议古根源》中。比《数书九章》晚一年的李冶的《测圆海镜》也使用过，可见这是当时数学界的共识。

二是在开方过程中，常数项的符号一般不变，仍然为负，但是有时其绝对值变得更大。秦九韶称之为"投胎"。例如，《数书九章》测望类"古池推元"问：

> 问：有方中圆古池，堙圮止余一角。从外方隅斜至内圆边七尺六寸。欲就古迹修之，欲求圆、方方斜各几何。
>
> 术曰：以少广求之，投胎术入之。斜自乘，倍之为实。倍斜为益方。以半为从隅。开投胎平方，得径。

依题意列出的方程是

$$0.5x^2-152x-11552=0。$$

求出根的第一位得数300之后，其减根方程为

$$0.5x_1^2+148x_1-12152=0。$$

因为–12152的绝对值比–11552大，所以要开投胎平方。

钱宝琮在《增乘开方法的历史发展》中指出：

> "投胎""换骨"本来是神仙家的术语。秦九韶指出在某些条件下，减根后的方程必须"投胎"；在某些条件下，减根后的方程必须"换骨"，然后求出所求的根数，目的在指导开方的人放心开下去，不要因为"实"数有不寻常的转变而缩手缩脚，不敢继续开方。

钱宝琮的话是有道理的。

第三，秦九韶提出"以方约实"的估根方法。在"尖田求积"问求出根的第一位得数800之后，通过一变、二变、三变、四变，到第⑦步，得出减根方程

$$-x^4-3200x^3-3076800x^2-826880000x+38205440000=0。$$

为了求第二位得数，秦九韶提出"以方约实"，即以未知数 x 一次方的系数 826880000 约简常数项 38205440000，得 40，作为第二位得数。通过"以方约实"估计得数的大体数值，在现有资料中，这在中国数学史上是第一次。

第四，关于无理根的近似值，秦九韶的表示法有几种。一种是：若开方式

$$a_0 x^n + a_1 x^{n-1} + a_2 x^{n-2} + \cdots + a_{n-1} x + a_n = 0 \ (\, a_n < 0 \,)$$

的正根为 $x = a + x_1$，其整数部分为 a，$0 < x_1 < 1$，则其减根方程为

$$a_0 x_1^n + a_1' x_1^{n-1} + a_2' x_1^{n-2} + \cdots + a_{n-1}' x_1 + a_n' = 0。$$

其中

$$a_1' = n a_0 a + a_1,$$
$$a_2' = \frac{1}{2} n \,(\, n-1 \,) a_0 a^2 + (\, n-1 \,) a_1 a + a_2,$$
$$\vdots$$
$$a_{n-1}' = n a_0 a^{n-1} + (\, n-1 \,) a_1 a^{n-2} + \cdots + a_{n-1},$$
$$a_n' = a_0 a^n + a_1 a^{n-1} + a_2 a^{n-2} + \cdots + a_{n-1} a + a_n。$$

秦九韶用分数 $\dfrac{-a_n'}{a_0 + a_1' + a_2' + \cdots + a_{n-1}'}$ 表示 x_1 的近似值，因此

$$x \approx a + \frac{-a_n'}{a_0 + a_1' + a_2' + \cdots + a_{n-1}'} \ 。$$

当 a_0，a_1'，a_2'，$\cdots$，a_{n-1}' 和 a_n' 都是正数时，分母 $a_0 + a_1' + a_2' + \cdots + a_{n-1}'$ 显然大于 $a_0 x_1^{n-1} + a_1' x_1^{n-2} + a_2' x_1^{n-3} + \cdots + a_{n-1}'$，因而分数 $\dfrac{-a_n'}{a_0 + a_1' + a_2' + \cdots + a_{n-1}'}$ 小于所求的 x_1。如果 a_0，a_1'，a_2'，$\cdots$，a_{n-1}' 有正有负，这个近似分数的分母是太大还是太小，不能一概而论。但在个别实际问题中，它是过大还是过小，是可以估计的。比如，测望类"古池推元"问的开方式 $0.5 x^2 - 152 x - 11552 = 0$ 开方不尽，在开平方求得根的整数部分 366 之

后，减根方程为

$$0.5x_1^2 + 214x_1 - 206 = 0。$$

便以 $x \approx 366 + \dfrac{206}{0.5+214} = 366\dfrac{412}{429}$ 表示根的近似值，比所求正根的真值略小，但相差不大。又如田域类"环田三积"问开玲珑三乘方 $-x^4 + 15245x^2 - 6262506.25 = 0$，求得正根的整数部分20之后，减根方程变成 $-x_1^4 - 80x_1^3 + 12845x_1^2 + 577800x_1 - 3245506.25 = 0$，求得根为 $x_1 = \dfrac{3245506.25}{-1-80+12845+577800} = \dfrac{1298025}{2362256}$，$x = 20\dfrac{1298025}{2362256}$。这个答案也略微小一些。

但如果有的问题用上述方法得出的答案含有过于繁杂的分数时，秦九韶便采用将其化为百分数的方法使其简化。在田域类"均分梯田"问中便是如此，这个问题是：

> 问：户业田一段，若梯之状。南广小三十四步，北广大五十三步，正长一百五十步。合系兄弟三人均分其田。边道各欲出入，其地难分。经官乞分定南甲、乙，北丙。欲知其田共积，各人合得田数，及各段正长大小广几何。

> 术曰：以少广及从法求之。并两广，乘长，得数，以分田人数约之，为通率。半之，为各积。以长乘各积，为共实。以长乘南广，为甲从方。二广差，半之，为共隅。开连枝平方，得甲截长。以甲长除通率，得数，减小广，余为甲广，即为乙小广。以元长乘乙小广，为乙从方。置共隅、共实，开连枝平方，得乙截长。以乙长除通率，得数，减乙小广，余为乙大广，即为丙小广。并甲、乙长，减元长，余为丙长。以元大广为丙大广。各有分者通之。

得出求甲长的开方式 $9x^2 + 5100x - 322500 = 0$，其正根为 $57\dfrac{853}{2045}$。求乙长的开方式是 $528381x^2 + 360096600x - 18933652500 = 0$，其正根为 $49\dfrac{20276319}{412406319}$。秦九韶嫌这

两个分数太烦琐，将它们化成百分数，前者为 $57\frac{41}{100}$ 或 57.41，后者为 $49\frac{4.9}{100}$ 或 49.049。

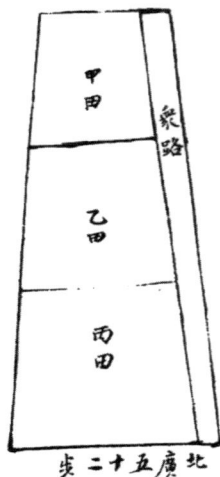

（1）梯田图（赵琦美家钞本）　　（2）

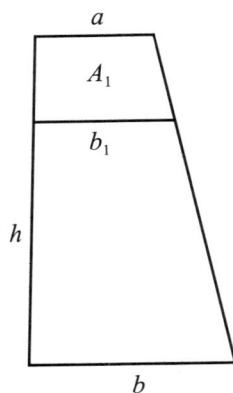

图3-5　均分梯田图

另一种是继承刘徽的开方不尽求"微数"的思想，继续开方，以十进小数表示无理根的近似值。钱谷类"囤积量容"问求方斛口方的开方式是

$$16x^2+192x-1863.2=0。$$

求出正根的整数部分6之后，继续开方，得到 $x=6.35$ 寸有奇。依据四舍五入的法则，确定方斛的口方为6寸4分。此问中求圆斛口径的开方式是

$$36x^2+360x-13068.8=0。$$

求出正根的整数部分14之后，继续开方，得到 $x=14.7$ 寸，不足。便确定圆斛口径为一尺四寸七分。这是在刘徽、祖冲之之后首次使用继续开方"求微数"的

方法，即使用十进小数表示无理根的近似值。从刘徽到秦九韶，差不多经过了 1000 年之久，虽然十分缓慢，但在世界数学史上还是最先进的辉煌成就。

第五，秦九韶对一些特殊的方程赋予特别的名称。如将没有未知数的奇次幂的方程称为"开玲珑某乘方"。对上述"尖田求积"问所得出的四次方程，秦九韶就称为"开玲珑翻法三乘方"。而对形如 $a_0x^2-a_2=0$ 的开方式，它相当于 $x^2=\dfrac{a_2}{a_0}$，秦九韶称之为"开连枝平方"。若 $a_0=\alpha^2$，$a_2=\beta^2$，则秦九韶称之为"开同体连枝平方"。原开方式可以化为 $\alpha^2x^2-\beta^2=0$，开方得 $\alpha x=\beta$，$x=\dfrac{\beta}{\alpha}$。例如测望类"临台测水"问，列出开方式 $24649x^2-41912676=0$。"开同体连枝平方"，得 $157x=6474$，于是 $x=41\dfrac{37}{157}$。

钱宝琮在《增乘开方法的历史发展》中详细分析了这种方法。当隅不是完全平方数，即一般的连枝平方式时，秦九韶以隅 a_0 遍乘开方式，化成同体格 $a_0^2x^2-a_0a_2=0$，然后开同体连枝平方。田域类"漂田推积"问，列出开方式 $121x^2-43264=0$，本来就是同体连枝平方式。秦九韶却认为"开方不尽"，以 121 乘开方式，变成 $121^2x^2-43264\times121=0$，再用开同体连枝平方术，求出 $121x=2288$，于是 $x=18\dfrac{10}{11}$。

3．不可理解的方程

钱宝琮认为，《数书九章》中有几个方程是来历不明的，如测望类"遥度圆城"的十次方程。笔者认为秦九韶是应用由弦与勾股差率得出的勾股数组通解公式得到的。钱宝琮谈到的另外两个方程，一是田域类"蕉田求积"问的二次方程，二是测望类"望敌圆营"问的四次方程。"蕉田求积"问是：

问：蕉叶田一段，中长五百七十六步，中广三十四步，不知其周。求积亩合几何。

术曰：以长并广，再自乘，又十乘之，为实。半广、半长各自乘，所得相减，余为从方。一为从隅。开平方，半之，得积。

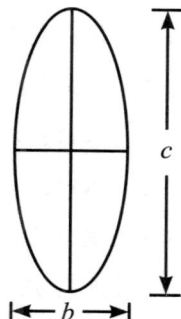

图3-6　"蕉田求积"图

记中长为c，中广为b，这是求其面积S。蕉叶形田可以看作是由两个弧田（即今之弓形）相并而成的，但秦九韶没有使用《九章算术》方田章弧田术。根据术文，他列出的方程是

$$(2S)^2+\left[\left(\frac{c}{2}\right)^2-\left(\frac{b}{2}\right)^2\right](2S)-10(b+c)^3=0。$$

其中的实不是四次幂，而是立方，显然不合理。钱宝琮认为现在流传的刻本《数书九章》此题的"术""草"有误文夺字，需要有适当的校勘。比如说，当$b=c$时，S为以c为圆径的圆面积，$2S=\frac{\sqrt{10}}{2}c^2$，上述方程的第2项空，第3项应是$\frac{10}{4}\left(\frac{b+c}{2}\right)^4$，术文应是"以长并广，半之，乃再自乘，又十乘之，四而一为实"。所谓"再自乘"应是将自乘所得的结果再自乘，得到一个四次幂。现在流传的刻本的术文讹作"以长并广，再自乘，又十乘之，为实"。"草"中又解释"以长并广再自乘"为（$b+c$）的立方。宋景昌曾见过一种旧刻本，说"原本'广'下衍'半之乃'三字"，我们认为非但"半之乃"三字不是衍文，"十乘之"下还脱落"四而一"三字，应该补足。但是，尽管如此，方程的第2项为什么是$\left[\left(\frac{c}{2}\right)^2-\left(\frac{b}{2}\right)^2\right]$（$2S$），仍然难以理解。

（二）十次方程造术

秦九韶《数书九章》测望类"遥度圆城"问给出了十次方程〔见图3-7（1）〕。这个问题是：

问：有圆城不知周径，四门中开。北外三里有乔木，出南门便折东行九里，乃见木。欲知城周、径各几何。圆用古法。

术曰：以勾股差率求之。一为从隅。五因北外里，为从七廉。置北里幂，八因，为从五廉。以北里幂为正率，以东行幂为负率；二率差，四因，乘北里为益从三廉。倍负率，乘五廉，为益上廉。以北里乘上廉，为实。开玲珑九乘方，得数。自乘，为径。以三因径，得周。

如图3-7（2），设圆城之心为O，南门为C，北门为D，北外之木为A，东行见木处为B，AB与圆城切于E。已知AD，BC，分别记为k，1，求城径，记为x^2，则术文给出十次方程

$$x^{10}+5kx^8+8k^2x^6-4（1^2-k^2）kx^4-16\times1^2k^2x^2-16\times1^2k^3=0,\qquad（3-3）$$

这是《数书九章》中次数最高的方程。同类的问题，同时代的李冶《测圆海镜》卷四用三次方程求解。因此，自清中叶四库馆臣起，学术界便指责秦九韶"未得其要"。钱宝琮则将其作为周密指责秦九韶"性喜奢好大"的例证，而对秦九韶怎样列出这个方程更感到莫名其妙，对秦九韶说的"以勾股差率求之"中"差率"二字不知所云。

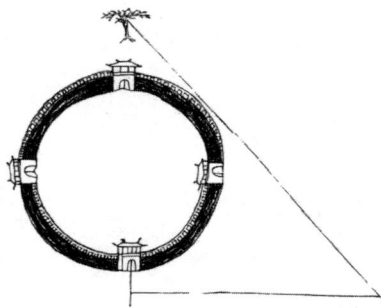

（1）"遥度圆城"图（赵琦美家钞本）　　　　　　（2）

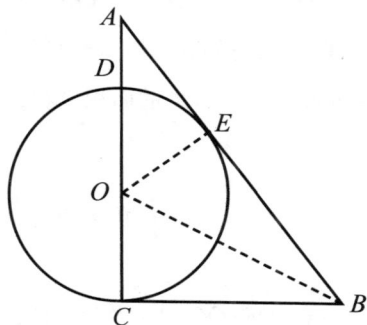

图3-7　"遥度圆城"图

实际上，秦九韶在术文开首说的"以勾股差率求之"给出了打开这个十次方程造术之谜的钥匙。什么是勾股差率呢？我们知道，《九章算术》勾股章在解决"户高多于户广"问时使用了已知弦与勾股差，求勾、股的公式。赵爽、刘徽将其简化为

$$a=\frac{1}{2}\left[\sqrt{2c^2-(b-a)^2}-(b-a)\right],$$
$$b=\frac{1}{2}\left[\sqrt{2c^2-(b-a)^2}+(b-a)\right]。$$

若在此式中令 $c:(b-a)=p:q$，则就变成

$$a=\frac{1}{2}\left(\sqrt{2p^2-q^2}-q\right),$$
$$b=\frac{1}{2}\left(\sqrt{2p^2-q^2}+q\right),$$
$$c=p。$$

或

$$a:b:c=\frac{1}{2}\left(\sqrt{2p^2-q^2}-q\right):\frac{1}{2}\left(\sqrt{2p^2-q^2}+q\right):p。$$

这就是关于勾股差率的公式，与《九章算术》中勾与股弦和的勾股数组的通解公式是等价的另一个勾股数组通解公式。

回到十次方程的推导。勾股形 ABC 中，股 $AC=x^2+k$。而勾股形 ABC 的面积就是 $\triangle AOB$ 的面积与 $\triangle BOC$ 的面积之和，亦即

$$\frac{1}{2}BC\times AC=\frac{1}{2}AB\times OE+\frac{1}{2}BC\times OC。$$

将 $AC=x^2+k$，$OE=OC=\frac{1}{2}x^2$ 及 $BC=1$ 代入上式，得

$$\frac{1}{2}\times1\times(x^2+k)=\frac{1}{2}AB\times\frac{1}{2}x^2+\frac{1}{2}\times1\times\frac{1}{2}x^2,$$

于是弦 $AB=\dfrac{1\times(x^2+2k)}{x^2}$，勾股差为 $AC-BC=x^2+k-1$。弦率与勾股差率之比，应等于弦与勾股差之比。也就是说，若 p，q 分别为弦率和勾股差率，则

$$p=1\times(x^2+2k),$$
$$q=x^2(x^2+k-1)。$$

将它们代入勾股差率表示的勾股数组通解公式，得股率b，弦率c分别是

$$b = \frac{1}{2}\sqrt{2\left[1 \times (x^2 + 2k)\right]^2 - \left[x^2(x^2 + k - 1)\right]^2} + \frac{1}{2}x^2(x^2 + k - 1),$$
$$c = 1 \times (x^2 + 2k)。$$

而 $\dfrac{AC}{AB} = \dfrac{b}{c}$，即

$$\frac{\frac{x^2 + k}{1 \times (x^2 + 2k)}}{x^2} = \frac{\frac{1}{2}\sqrt{2\left[1 \times (x^2 + 2k)\right]^2 - \left[x^2(x^2 + k - 1)\right]^2} + \frac{1}{2}x^2(x^2 + k - 1)}{1 \times (x^2 + 2k)}。$$

化成

$$(x^2 + 2k)^2\,(x^2 + k)\,(x^6 + kx^4 - 4k \times 1^2) = 0。$$

消去 $(x^2 + k)$，将留下的两个多项式相乘，就得到上述十次方程（3-3）。

由上式可以看出，秦九韶本来亦可以只导出三次方程。而现实生产生活中很难找到四次以上方程的原型，他为了说明能够解任意高次的方程，便刻意提高方程的次数。首先，假设圆城径为x^2，而不是x，这就将方程由三次提高到六次。其次，不消去因式 $(x^2 + 2k)^2$，又将方程由六次提高到十次。显然，为了提高方程的次数，秦九韶用心良苦，根本不是"喜奢好大"，更不是"未得其要"。本来，秦九韶用上述方法可以导出十二次方程。大约在秦九韶看来，十二次方程与十次方程在难度上是不分轩轾的，所以只用十次方程，既能说明正负开方术的作用，又体现了简约的精神。

秦九韶只用"以勾股差率求之"7个字提示方程的来源，说明从《九章算术》成书到南宋时代，关于勾股数组的知识有了更大的发展。这是中国古典数学的一项重要内容，而且在数学界是相当普及的。然而，自刘徽注《九章算术》至

13世纪上半叶近1000年中，现存数学著作中都没有再谈到这类问题。可见，这期间必有重要数学著作亡佚。

（三）三斜求积——中国的海伦公式

秦九韶《数书九章》田域类"三斜求积"问是一个已知三角形的三边求其面积的问题，给出了与海伦公式等价的公式。实际上，这个公式是由古希腊数学家阿基米德得出的，但因为这个公式最早出现在古希腊数学家海伦的著作《测地术》中，并在海伦的著作《测量仪器》《度量数》中给出了证明，所以人们常常将其称为"海伦公式"。

"三斜求积"问是：

问：沙田一段有三斜：其小斜一十三里，中斜一十四里，大斜一十五里。里法三百步。欲知为田几何。

术曰：以少广求之。以小斜幂并大斜幂，减中斜幂，余半之，自乘于上。以小斜幂乘大斜幂，减上。余，四约之，为实。一为从隅，开平方，得积。

"三斜求积"图见图3-8（1）。

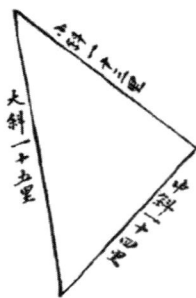

（1）"三斜求积"图（赵琦美家钞本）　　　　　（2）

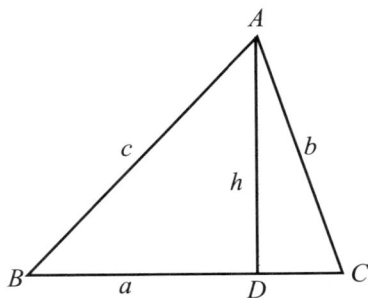

图3-8 "三斜求积"图

如图3-8（2），设三角形的三边为a，b，c，则其面积S由开方式

$$S=\sqrt{\frac{1}{4}\left[a^2b^2-\left(\frac{a^2+b^2-c^2}{2}\right)^2\right]}\qquad（3-4）$$

求出。上式通过因式分解可以化成

$$S=\sqrt{\frac{a+b+c}{2}\times\frac{a+b-c}{2}\times\frac{a-b+c}{2}\times\frac{b+c-a}{2}}，$$

与海伦公式暗合。秦九韶是怎么得出这个公式的，他没有说明。钱宝琮认为是先由三角形的底与高，求出其面积，再通过有理化方法推导出来的。设BC边上的高AD为h，则其面积为$S=\frac{1}{2}ah$。而$DC=\sqrt{b^2-h^2}$，$BD=a-\sqrt{b^2-h^2}$，

$$c^2=\left[a-\sqrt{b^2-h^2}\right]^2+h^2，$$

即

$$c^2=a^2+b^2-2a\sqrt{b^2-h^2}。$$

换言之，

$$2a\sqrt{b^2-h^2}=\frac{1}{2}(a^2+b^2-c^2)。$$

将两端平方，得

$$a^2b^2-a^2h^2=\left(\frac{a^2+b^2-c^2}{2}\right)^2，$$

亦即

$$a^2h^2=a^2b^2-\left(\frac{a^2+b^2-c^2}{2}\right)^2，$$

故得

$$S^2 = \frac{1}{4}\left[a^2b^2 - \left(\frac{a^2+b^2-c^2}{2}\right)^2\right]。$$

紧接"三斜求积"问的是"斜荡求积"问，其前一部分是已知三角形的一边 a=17里，一边 b=26里，高 h=24里，求另一边 c。

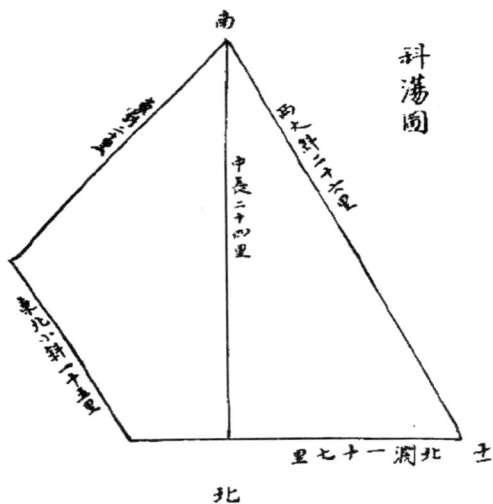

图3-9　"斜荡求积"图（赵琦美家钞本）

其解题程序是：

$$\sqrt{b^2-h^2} = \sqrt{26^2-24^2} = 10,$$
$$a-\sqrt{b^2-h^2} = 17-\sqrt{26^2-24^2} = 17-10=7,$$
$$c^2 = \left(a-\sqrt{b^2-h^2}\right)^2 + h^2 = 7^2+24^2 = 625。$$

于是

$$c=25（里）。$$

钱宝琮认为，秦九韶创立"三斜求积"术时的思维过程可能和"斜荡求积"的解题程序相合。

钱宝琮又认为，"尖田求积"和"三率究圆"二问都以一次开玲珑三乘方来代替两次开平方，实际计算工作并不能减轻，但秦九韶自出机杼，创用有理化方法，敞开了一个新的法门，从而发现了"三斜求积"术，这是值得表彰的。

第三节　秦九韶的其他数学贡献

一、对线性方程组解法的改进

（一）《九章算术》至贾宪的方程术——线性方程组解法

1.《九章算术》的方程术

《九章算术》在方程章第1问中提出了方程术。第1问是：

> 今有上禾三秉，中禾二秉，下禾一秉，实三十九斗；上禾二秉，中禾三秉，下禾一秉，实三十四斗；上禾一秉，中禾二秉，下禾三秉，实二十六斗。问：上、中、下禾实一秉各几何？

然后提出了方程术：

> 方程术曰：置上禾三秉，中禾二秉，下禾一秉，实三十九斗于右方。中、左禾列如右方。以右行上禾遍乘中行，而以直除。又乘其次，亦以直除。然以中行中禾不尽者遍乘左行，而以直除。左方下禾不尽者，上为法，下为实。实即下禾之实。求中禾，以法乘中行下实，而除下禾之实。余，如中禾秉数而一，即中禾之实。求上禾，亦以法乘右行下实，而除下禾、中禾之实。余，如上禾秉数而一，即上禾之实。实皆如法，各得一斗。

这是线性方程组的普遍解法。只是当时用抽象的语言难以表达明白，因而借助禾实来阐述，正如刘徽所说："此都术也。以空言难晓，故特系之禾以决之。"方程术各步的运算相当于（用阿拉伯数字代替算筹数字）：

1	2	3			3			3			4
2	3	2	4	5	2		5	2			4
3	1	1	8	1	1	4	1	1	4		
26	34	39	39	24	39	11	24	39	11	17	37
①			②			③			④		

方程术有几个特点。首先，方程的建立及消元变换采用位值制记法，每个数字不必标出它是什么物品的系数，而是用其所在的位置表示出来，与现代数学中的分离系数法完全一致。

其次，《九章算术》中方程的表示，相当于列出其增广矩阵，其消元过程相当于矩阵变换。上述筹式①～④相当于现今增广矩阵的变换：

$$\begin{bmatrix} 1 & 2 & 3 \\ 2 & 3 & 2 \\ 3 & 1 & 1 \\ 26 & 34 & 39 \end{bmatrix} \Rightarrow \begin{bmatrix} 0 & 0 & 3 \\ 4 & 5 & 2 \\ 8 & 1 & 1 \\ 39 & 24 & 39 \end{bmatrix} \Rightarrow \begin{bmatrix} 0 & 0 & 3 \\ 0 & 5 & 2 \\ 4 & 1 & 1 \\ 11 & 24 & 39 \end{bmatrix} \Rightarrow \begin{bmatrix} 0 & 0 & 4 \\ 0 & 4 & 0 \\ 4 & 0 & 0 \\ 11 & 17 & 37 \end{bmatrix}$$

第三，这里用直除法消元。所谓直除就是整行与整行对减。它不如后来的互乘相消法简便，其实质却是相同的，都符合现代数学中矩阵变换的理论。

还有，方程术并未自始至终地使用直除法。它在求出一未知数的答案之后，采用从该行的实中减去已求出的未知数的相应的值的方法，再求另外的未知数，相当于现今的代入法。

2. 刘徽创造的互乘相消法

刘徽在《九章算术》方程章"牛羊直金"问注中创造了用互乘相消解方程的方法，与现今方法基本一致。其齐同之义比直除法也更加显然。此问是：

今有牛五、羊二，直金十两；牛二、羊五，直金八两。问：牛、羊各直金几何？

设牛数为x，羊数为y，根据题意所列出的方程是：

$$5x+2y=10,$$
$$2x+5y=10。$$

《九章算术》中用方程术求解。刘徽则说：

假令为同齐，头位为牛，当相乘。右行定：更置牛十，羊四，直金二十两；左行牛十，羊二十五，直金四十两。牛数等同，金多二十两者，羊差二十一使之然也。以少行减多行，则牛数尽，惟羊与直金之数见，可得而知也。

就是说，用右行牛的系数5乘左行，又用左行牛的系数2乘右行，得

$$10x+4y=20,$$
$$10x+25y=40。$$

以少行减多行，得$21y=20$，于是$y=\dfrac{20}{21}$。这就是互乘相消法。刘徽接着说："以小推大，虽四五行不异也。"就是说，这是一种普遍方法。

3. 贾宪的继承和发展

刘徽创造的互乘相消法，其后近800年间没有受到重视，所有的数学著作在求解线性方程组时仍使用直除法。贾宪的《黄帝九章算经细草》在方程章则既使用直除法，又使用互乘相消法。他首先在细草中提出了更抽象的不依赖于具体对象的方程术（楷体字部分为术文，仿宋体字部分为注解，下同）：

术曰：本倍折减损之问，初无活法，今述此意。排列逐项问数，某物某物共直几钱为一行，某物某物共直几钱为一行。命首位物多者为主，彼七此五，以七为多。以邻行数增乘求等。数等可以减损。余物与价即总数也。亦

例乘之，一物既增，余物与价亦各升为一体。以原多物行内数目。对减，谓物减物，钱减钱，求轻一位。其余次第增减，增少数与多数为停，如求对除以求位简。价可为实，物可为法而止。法、实皆一位也。以法除之。商除。

这条术文虽未脱离开物与钱，然不再系之以禾，且行数不限，其抽象性比《九章算术》进了一大步。贾宪提出以物多者为主，亦可减省运算。

贾宪在第2、4、5、6问的细草中使用了互乘相消法，并在第6问中提出了抽象性的术文：

> 术曰：以所求率互乘邻行，齐所求之率，以少减多，再求减损。钱为实，物为法，实如法而一。

此处所求率即是未知数系数，贾宪将它们称为所求率，反映了方程的本质。

（二）秦九韶对互乘相消法的改进

1. 秦九韶完全使用互乘相消法

秦九韶在《数书九章》中则完全废止了直除法，继承发展了刘徽、贾宪的思想，提出了新的互乘相消的方程术：

> 列积及物数于下，布行数，各对本色。有分者通之，可约者约之，为定率积列数。每以下项互遍乘之，每视其积以少减多，其下物数各随积正、负之类。如同名相减，异名相加，正无人负之，负无人正之。其如同名相加，异名相减，正无人正之，负无人负之。使其下项物数得一数者为法，其积为实，实如法而一。所得不计遍损或益诸积，各得法、实，除之。余仿此。

可见，秦九韶不仅提出了更抽象的互乘相消法，而且将正负术纳入互乘相消法，比刘徽、贾宪更进了一步。

2. 秦九韶对互乘相消法的改进

秦九韶还改进了互乘相消法。《数书九章》市物类"均货推本"问是：

> 问：有海舶赴务抽毕，除纳主家货物外，有沈香五千八十八两，胡椒一万四百三十包，包四十斤。象牙二百一十二合，大小为合，斤两俱等。系甲、乙、丙、丁四人合本博到。缘昨来凑本，互有假借。甲分到官供称：甲本金二百两，盐四袋钞一十道。乙本银八百两，盐三袋钞八十八道。丙本银一千六百七十两，度牒一十五道。丁本度牒五十二道，金五十八两八铢。以上共估直四十二万四千贯。甲借乙钞，乙借丙银，丙借丁度牒，丁借甲金。今合拨各借物归元主名下，为率均分上件货物。欲知金、银、袋盐、度牒元价，及四人各合得香、椒、牙几何。

度牒是当时朝廷对于依法得到公度为僧尼者所发给的证明文件。设金价每两为x文，盐价每袋为y文，银价每两为z文，度牒每道为u文。秦九韶的细草先由4人的估直424000贯，得出$424000 \div 4 = 106000$贯为各积。建立线性方程组：甲金200两，盐4袋，每袋10道，因此为4袋$\times$10=40袋，于是右行为$200x + 40y = 106000$。乙盐3袋，每袋88道，得3袋$\times$88=264袋，银为800两，于是副行即第2行为$264y + 800z = 106000$。丙银1670两，度牒15道，为次行，即第3行为$1670z + 15u = 106000$。丁度牒52道，金58两8铢$= 58\frac{1}{3}$，左行为$58\frac{1}{3}x + 52u = 106000$。于是得出线性方程组：

$$
\begin{array}{lll}
200x + 40y & = 106000, & \text{右行} \\
264y + 800z & = 106000, & \text{副行} \\
1670z + 15u & = 106000, & \text{次行} \\
58\frac{1}{3}x \quad\quad + 52u & = 106000, & \text{左行}
\end{array}
$$

称为"首图"。秦九韶将其变换，得出"次图"，再运用"可约者约之"，就每一行分别求出公约数，约简，通分，化成"定率图"：

$$5x \quad +y \qquad\qquad =2650, \qquad\qquad 右行$$
$$33y+ \; 100z \qquad =13250, \qquad\qquad 副行$$
$$334z \;\; +3u=21200, \qquad 次行$$
$$175x \qquad\qquad +156u=318000。 \qquad 左行$$

这是求解此线性方程组的起点，即所谓"始以定图为祖"。定率图的每一行的各个系数（包括常数项）之间没有公约数，也没有分数。由定率图经过"维图"，化成"音图"。其音图是：

$$5x \quad +y \qquad\qquad =2650, \qquad\qquad 右行$$
$$33y \;\; +100z \qquad =13250, \qquad\qquad 副行$$
$$-525x \qquad +52104z \qquad =2353200, \qquad 次行$$
$$175x \qquad\qquad +156u=318000。 \qquad 左行$$

秦九韶发现次行x的系数为负，并且与右行x的系数有公约数5，就以5约525，得105。要消去次行x项的系数，便用105乘右行，再加到次行上，其他行不动，得到"政图"：

$$5x \quad +y \qquad\qquad =2650, \qquad\qquad 右行$$
$$33y \;\; +100z \qquad =13250, \qquad\qquad 副行$$
$$105y+52104z \qquad =2631450, \qquad 次行$$
$$175x \qquad\qquad +156u=318000。 \qquad 左行$$

秦九韶"今视政图，从省，乃择其诸行本色，可求等"，右行、左行x的系数可求等即公约数，副行、次行y的系数亦可求公约数。而前者的系数的公约数大，后者的系数的公约数小，就求副行、次行y的系数的公约数3。以3约简33，得11。以11乘次行各项，又以3约简105，得35。以35乘副行各项，然后以副行去减次行，就消去了次行中含有y的项，只剩下含有z的项。其余各行不动，得"宫图"：

$$
\begin{array}{llll}
5x & +y & & =2650, & \text{右行} \\
& 33y & +100z & =13250, & \text{副行} \\
& & 569644z & =28482200, & \text{次行} \\
175x & & +156u=318000。 & & \text{左行}
\end{array}
$$

如此相继求出金x，盐y，银z，度牒u的价值：每两金$x=480$贯文，每袋盐$y=250$贯文，每两银$z=50$贯文，每道度牒$u=1500$贯文。

显然，秦九韶是先求出两行中要消去的未知系数的公约数，用这个公约数分别约简这两个系数，再互乘相消。实际上是将两个系数的最小公倍数投入运算。这样可以大大减少运算量，省了不少气力。秦九韶说这是"从省"，实在是线性方程组解法的一大进步。此外，如果有两对（或两对以上）系数有等数，那么，一般选择其系数等数较小的未知数进行消元，也可以减少运算量，这种先易后难的程序也是值得称道的。

中国古典数学没有素数和互素的概念。但是，秦九韶在解同余方程组、解高次方程、解一次方程组和其他数学问题中，广泛地运用了"可约者约之"的原则，以最小公倍数投入运算。应该说，秦九韶的研究已经接近素数和互素概念的门槛。

二、秦九韶对十进小数、〇的使用

秦九韶在《数书九章》中使用了十进小数和"〇"号。我们先介绍一下十进小数和"〇"在中国的发展历史。

（一）十进小数

1. 十进小数的产生和发展

现今小学数学教材中，一般是先学习十进小数，后学习分数。但是，在数学史上，人们却是先认识分数，后认识小数，在各个文化传统中还没有找到反例。在世界各民族中，中华民族是最早认识十进小数的，但也比分数的广泛应用晚了上千年。

（1）十进小数的萌芽

在现存资料中，《孙子算经》最先使用了十进小数。其卷下第2问：

> 今有丁一千五百万，出兵四十万。问：几丁科一兵？
> 答曰：三十七丁五分。

"五分"就是现今的0.5，"三十七丁五分"就是37.5，有了明显的十进小数概念。

唐前期的天文学家在历法计算中也用到十进分数。唐中宗时太史丞南宫说制定的《神龙历》（705）以百进分数表示回归年和朔望月的奇零部分。例如，他将一回归年表示成"三百六十五日，余二十四，奇四十八"，即365.2448日。后来僧一行制定的《大衍历》（729）将一回归年的日数的分数部分化为分母为10000的分数。

然而，十进分数和十进小数的概念在唐中叶之前没有得到广泛的应用和发展。

（2）化非十进名数单位为十进小数

十进小数的产生，主要应该归功于非十进制单位的换算。唐中叶之后，为适应商业发展的需要，柜坊（保管财物的店铺）、邸店（商店）与飞钱业（兑汇）等相继设立。大量的交换、赋税、兑汇等事务，以及天文历法的计算，提出了许多新的非整数的计算问题，特别是非十进制的名数单位的换算问题，促进了十进小数的发展。因为非十进制的运算有时很不方便。比如，《九章算术》粟米章其率术、反其率术有5个例题，题设都是出钱13970，买丝1石2钧28斤3两5铢，却分别欲其贵贱石、钧、斤、两、铢率之，即问石、钧、斤、两、铢的单价。为求得答案，需要将1石2钧28斤3两5铢分别化成以石、钧、斤、两、铢为单位的分数，再投入运算。由于24铢为1两，16两为1斤，30斤为1钧，4钧为1石，1石重120斤，都不是十进，计算相当烦琐。而在长度的单位中，尽管忽、秒、毫、厘、分、寸、尺、丈、引都是十进的，但是也有50尺为1端，4尺为1匹，6尺为1步，300步为1里，都不是十进。在衡的单位中，10圭为1抄，10抄为1撮，10撮为1勺，10勺为1合，10合为1升，10升为1斗，10斗为1斛，都是十进的，然而6粟为1圭也不是十进。在唐中叶之后运算日益增多并在要求运算加快的情况下，将其化成十进小数，成为迫切需要。人们将化非十进制名数单位为十进小数的算法编成歌诀，就是"化零歌"。化非十进制名数单位为十进小数主要有化丈、尺、寸等为端、匹的十进小数和化两为斤的十进小数两个方面。后者俗称"斤两法"。

化丈、尺、寸等为端、匹等的十进小数在赝本《夏侯阳算经》中十分普遍。其卷上"课租庸调"将有丈、尺、寸的度量化为以端为单位的十进小数的方法是"二因"，这是因为1端为5丈。比如，将2丈2尺5寸化为以端为单位的十进小数就是：2丈2尺5寸÷5丈=2丈2尺5寸×2÷10丈=0.45端。将有丈、尺、寸的度量化成以"匹"为单位的十进小数的方法是"于丈、尺已下折半，五因"，这是因为1匹=4丈。比如，将3丈7尺5寸化成以"匹"为单位的十进小数就是：3丈7尺5寸÷4丈=3丈7尺5寸×$\frac{1}{2}$×5÷10丈=0.9375匹。

2. 秦九韶和宋元时期的十进小数记法

宋元时期的十进小数的记法各式各样，但都遵从位值制，主要有以下两种：

在小数部分的下方加"分"字，这是《孙子算经》小数记法的改进和发展。如前述"三十七丁五分"，在秦九韶时代就应该记成375。
_分

在整数部分的个位下加单位。秦九韶《数书九章》钱谷类"囷积量容"问的答案中有方斛"深一尺五寸九分二厘"，便记成1592，即15.92寸。圆斛"深一尺一寸一分四厘"，便记成1114，即11.14寸。李冶书中有的小数的表示与秦九韶采取同一方式。而无整数部分时，则在整数处标以〇。李冶《益古演段》中"〇 7 5"就表示0.75。

在欧洲，14世纪法国的莫尔（Joannes de Muris）才提出用十进分数表示根的奇零部分。1585年，比利时的斯台文（Simon Stevin）才确定十进小数的记法和运算法则。但其记法很不方便。比如，27.847就表示成27⊙8①4②7③。

（二）〇的使用

中国古代用〇表示0，并非借用阿拉伯数字0而来。然而中国的〇到底是什么时候产生的呢？其发展过程大体是：算筹记数用空位表示0，实际上是一种没有记号的符号。但是毕竟容易引起误会，特别是在宋元时代，许多记数已不严格遵从"一从十横"的规矩，更容易出错。于是人们按照中国古代学者用方格表示缺字的习惯，便用方格"□"来表示0。例如，宋蔡沈在《律吕新书》中用"十一万八千□□九十八"表示118098，其中第一个方格表示"另"，第二个方格表示空缺的百位数。后来由于书写的方便，□逐渐演变成〇。现存资料中〇的最早应用在金朝《大明历》中，有"四百〇三""五百〇五""三百〇九"等数字。数学著作中什么时候使用〇，是比《大明历》早还是晚，无考。李冶的《测圆海镜》卷七第2问又法中有数字"一千四百五十万〇〇八百六十四"，其中第一个〇表示"另"，第二个〇表示空缺的千位数；数字"一百一十五万〇〇一十六"，其中两个〇表示空缺的千、百位数；数字"三百三十七万〇三百一十八"，其中的〇表示空缺的千位数；数字"二百二十二万〇三百〇二"，两个〇分别表示空缺的千位数和十位数。

〇什么时候引入筹算算草，亦无考。秦九韶《数书九章》，李冶《测圆海镜》《益古演段》等著作的算草中都使用了〇。《数书九章》田域类"尖田求积"问的正负开三乘方式（其中的算筹数字用阿拉伯数字表示，下同）：

$$\begin{array}{l}
4\ \ 〇\ \ 6\ 4\ 2\ 5\ 6\ \ 〇\ \ 〇\ \ 〇\ \ 〇实\\
\qquad\qquad\qquad\qquad\qquad\quad 〇虚方\\
\quad\ 7\ \ 6\ 3\ 2\ \ 〇\ \ 〇从上廉\\
\qquad\qquad\qquad\qquad\quad\ 〇虚下廉\\
\qquad\qquad\qquad\qquad 1益隅
\end{array}$$

就表示四次方程

$$-x^4+763200x^2-40642560000=0。$$

可见〇既可以表示空缺的项，又可以表示空缺的位数。

三、笔算的萌芽

春秋战国至隋唐时期，筹算是在桌子上或地上布置算筹算式进行运算，算式随时变化，并不留存，在写入数学著作时都变成了汉字。自然也没有运算符号，而是用加、减、乘、除、乘方和开方除之等术语表示运算的方式。秦九韶在《数书九章》中有利用算图连线进行运算意义之表达，已接近现代运算符号之作用[1]。他把算筹运作过程绘入书中，补充算草。算图各数字间又有连线。明万历四十四年（1616）赵琦美家钞本中存在大量连接线段，大致有如下规则：

两数首首双线相连或尾尾双线相连表示两数相加。如卷三"治历演纪"问中"强弱母子互乘，得数并之，为朔余"这一加法运算8814+153=8967中，8814之4与153之3用双线连接表示相加。又如卷五"尖田求积"问求率开方图中，大率小率首首双线连接表示相加。

两数首首单线相连或尾尾单线相连表示两数相减。如卷二"积尺寻源"问中大方砌少六寸、小方砌少三寸等，用两数尾尾单线相连表示相减。又如卷五"尖田求积"问求率开方图中，若干相减关系用两数首首单线相连表示。

两数首尾单线（实线或虚线）相连或尾尾单线相连表示两数相乘。如卷一"古历会积"问用大衍总数术求解，乘率和衍数之间尾尾单线相连。又如卷三"治历演纪"问中日法和朔策之间首尾相连，均是表示两数相乘；而日法与日刻两数首首单线相连亦表示相乘，似为特例。

两数首尾单线（实线或虚线）相连或首首单线相连表示两数相除。如卷三

---

[1]郑诚、朱一文著《〈数书九章〉流传新考——赵琦美家钞本初探》，文载于《自然科学史研究》第29卷第3期，2010.9。

"治历演纪"问的气定骨、约率首尾实线相连。卷十二"囤积量容"问的余、半法首尾虚线相连。又如卷十六"军器功程"问的弓日、刀日分别与法首首相连。

赵琦美家钞本连线之运用全书不尽一致，是秦九韶原有的，还是钞本的错讹，难以肯定。

赵琦美家钞本卷十二"囤积量容"问的算图中的四则运算，其连线区别分明，如图3–10。

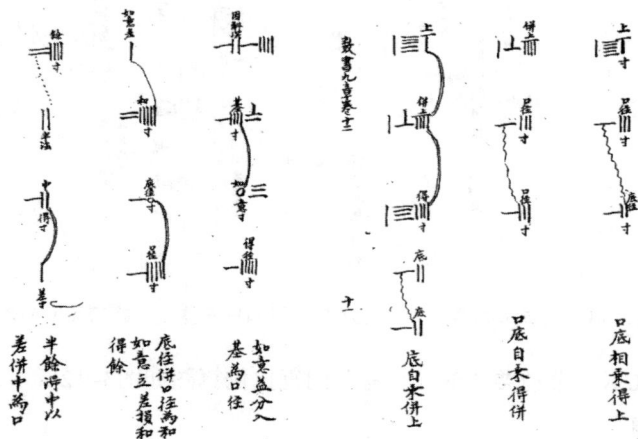

图3–10　《数书九章》"囤积量容"问的算图（赵琦美家钞本）

右一行　14.7+0.3=15，加法，双线尾尾相连（个位相连，其后相当于小数部分）；

右二行　10+15=25，加法，双线尾尾相连；25-1=24，减法，单线尾尾相连；

右三行　24÷2=12，除法，单虚线首尾相连；12+1=13，加法，双线尾尾相连；

右四行　13×12=156，乘法，单线首尾相连；

右五行　13×13=169，自乘，单线首尾相连；

右六行　12×12=144，自乘，单线首尾相连；156+169+144=469，加法，双线尾尾相连。

秦九韶利用连接线段表示各数之间的运算关系，以展运筹之术，对于准确理解算法甚有帮助。譬如从算图连线则可以清晰地看到求一术之乘除消减和调日法之乘除调和的运算过程。其中〇⊥丅和川⊥丅代表1×169和3×169，秦九韶用〇表示乘法。《数书九章》天时类"治历演纪"问调日法算图如图3-11所示。

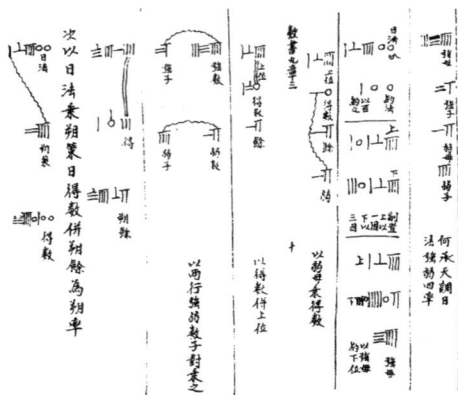

图3-11 《数书九章》"治历演纪"问调日法算图（赵琦美家钞本）

《数书九章》市物类"推计互易"问复比例算图如图3-12所示，连线井然有序，宛若燕翅。

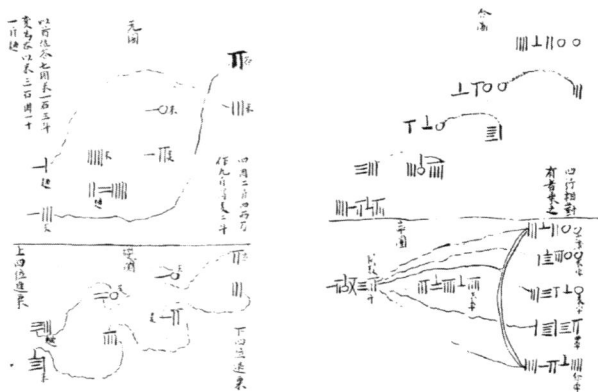

图3-12 《数书九章》"推计互易"问复比例算图（赵琦美家钞本）

这类连线在某种程度上发挥了现代运算符号＋、－、×、÷的作用。因此，宋元时代已有筹算式笔算。

《数书九章》田域类"尖田求积"问正负开三乘方算图如图3-13所示。

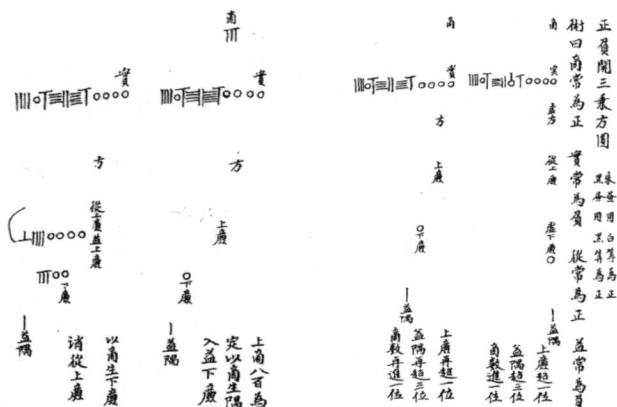

图3-13 《数书九章》"尖田求积"问的算图（赵琦美家钞本）

《数书九章》测望类"遥度圆城"问的算图如图3-14所示。

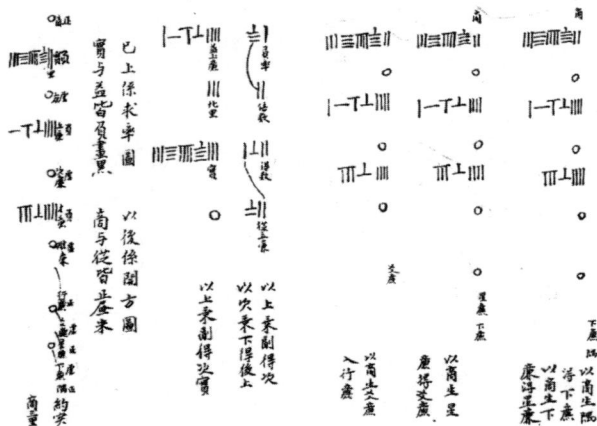

图3-14 《数书九章》"遥度圆城"问的算图（赵琦美家钞本）

第
四
章

全才秦九韶

除重大的数学贡献外，秦九韶在天文历法、气象、建筑、农田水利、军事、理财乃至诗词歌赋等方面都有相当高的造诣，是不可多得的全才。同时，他认为"数与道非二本""数术之传，以实为体"，表示要"求其故"。他参与抗蒙、抗金战争，主张施仁政，具有强烈的忧国、爱民思想。

第一节　不可多得的全才

　　秦九韶性格豪放，多才多艺，知识渊博。秦九韶的政敌周密也不得不承认他"星象、音律、算术以至营造之事，无不精究"。确实，秦九韶除在数学上有独到的贡献外，在天文历法、天时气象、音律、建筑营造、农田水利、军事乃至诗词歌赋等方面都有很深的造诣。他所担任的公职，除主管全面的州守外，多是军事策划或军需供应方面的，他主张抗战，并为抗金、抗蒙战争做出了贡献。

一、精通天文历法

　　秦九韶是当时少有的精通历法的学者，他以含有丰富天文历法内容的《数书九章》到朝廷上奏对。陈振孙《直斋书录解题》云，《崇天历》一卷、《纪元历》三卷及其《立成》一卷，"此二历近得之蜀人秦九韶道古"。陈振孙又说："秦博学多能，尤邃历法。凡近世诸历，皆传于秦。所言得失，亦悉著其语云。"可见，陈振孙关于各历法的解题都是秦九韶的话。秦九韶《数书九章》中设"天时类"。中国古代的"天时"包括今之天文历法和气象两方面的内容。属于天文历法的有"推气治历""治历推闰""治历演纪""缀术推星""揆日究微"，加上"大衍类"的"古历会积"，共6个题目。秦九韶在天时类的系词中认为：

　　　七精回穹，人事之纪。追缀而求，宵星昼暑。历久则疏，性智能革。不寻天道，模袭何益？

"七精"谓日、月与金、木、水、火、土五星。秦九韶是说，七精在天穹中旋转，形成人类社会的纲纪。要遵循缀术的测算方法，观测夜间的星辰、白天的日影。历法使用久了，就会疏阔。但是聪明的人能改革历法。如果不考察自然界的变化规律，只是模仿抄袭过去的东西，有什么好处呢？秦九韶在天文历法类问题的解法中使用了方程术即今之线性方程组解法和大衍总数术即今之一次同余方程组解法等高深的数学方法。《九章算术》中没有同余方程问题及其解法。后来编制历法的人虽然会用同余方程组解法推算上元积年，但是他们不懂得大衍总数术的原理，正如秦九韶所指出的"历家虽用，用而不知"。

《数书九章》营建类卷十四"计作清台"问的"清台图"是世界上现存最早的天文台设计图。该问是：

问：创筑清台一所，正高一十二丈，上广五丈，袤七丈，下广一十五丈，袤一十七丈。其袤当东西，广当南北。秋程人日行六十里，里法三百六十步；钁土锹土每工各二百尺；筑土每工九十尺；每担土壤一尺三寸，往来一百六十步，内四十步上下棚道；筑高至少半，其棚三当平道五，至中半，三当七，至大半，二当五；蹢躅之间十加一；载输之间二十步定一返。今甲、乙、丙三县差夫：甲县附郭，税力一十三万三千八百六十六，乙县去台所一百二十里，税力二十三万七千九百八十四，丙县去台一百八十里，税力三十一万二千三百五十四，俱以道里远近、税力多少均科之。台下铺石脚七层，先用砖包砌台身，厚六尺，铺砌台面，厚六寸①；次用砖叠砌转道，周围五带，并阔六尺。须令南北二平道东西三峻道相间，始自台之艮隅，于东外道向南顺升，由巽隅以西右②转周回，历北复东，再升东里道，至巽隅乃登台顶。其东里道艮隅与北平道两隅及西道乾隅之高，皆以强半。

---

①《四库全书》文津阁本、宜稼堂本脱"厚六尺，铺砌台面，厚六寸"十字，依王守义《数书九章新释》校补。
②右：《四库全书》文津阁本、宜稼堂本讹作"左"，依王守义《数书九章新释》校正。

其西道坤隅与南道两隅、东外道巽隅之高，皆以五分之二。峻道每级履高六寸，其东里道级数取弱半，东外道级数取五分之二，西道级数取强半。石长五尺，阔二尺，厚五寸。砖长一尺二寸，阔六寸，厚二寸五分。欲知土积、定一返步、每功人到土及总用功、各县起夫、砖石、峻平道、高长级数、踏纵各几何。

答曰：土积一百五十四万尺，

定一返二百步一十八分步之五，

每功人到土一百四十尺七百二十一分尺之一百四十八，

总用功四万五千六百八十六功。

甲县差一万七千一百三十二功，

乙县差一万五千二百二十九功，

丙县差一万三千三百二十五功。

石四千三百一十七片，

砖三百一十四万二千二十四片，

东里峻道[①]：艮隅高九丈，　　　　巽隅高一十一丈九尺四寸，

　　　　　　　级五十踏，　　　　踏纵二尺二寸九分。

东外峻道：艮隅高六寸，　　　　　巽隅高四丈八尺，

　　　　　　级八十踏，　　　　　踏纵二尺一寸五分。

西峻道：坤隅高四丈八尺，　　　　乾隅高九丈，

　　　　　级七十踏，　　　　　　踏纵二尺一十四分寸之九。

南平道：高四丈八尺。

北平道：高九丈。

术[②]曰：以商功求之，均输入之。倍台上袤，加下袤，乘上广，为寄。倍下袤，加上袤，乘下广，并寄。乘高，为土率。如六而一，得坚积。以筑功尺为法，除坚积，得筑功。以穿率乘坚积，为实。以坚率乘钁锹功尺，半

---

① 峻道：《四库全书》文津阁本、宜稼堂本讹作"道峻"，今校正。

② 本书所引《数书九章》的问题，除另外说明以外，均依王守义《数书九章新释》校正，后不再注。

之，为锹法。除实，得镶锹共功。以壤率因坚积，如坚率而一，为壤积。求负土者，先列筑至高诸母子，后列全分，递次以下减上，得次。以母互乘诸子，为寄左行。以诸母相乘，为寄母。次列棚道全分及所当鲜母衍子，以鲜母互乘衍子，为左行。以鲜母相乘，以乘寄母，为总母。以左右两行诸子对乘之，并之，为总子。其总母、子求等约之，为定母、子。以定子乘棚道，为次。以定母乘平道，加次。又以跙蹋之数身下加之。又以载输乘定母，并次，为统数。以定母除统数，得定一返步，亦为到土法。有分，复通为法。置程里，通步，乘担土尺，有步母则又以步母乘之，为到实。实如法而一，得每功人到土，亦为壤法。以除壤积，得负土功。并前锹、筑二功，为总用功。以各县日程数约税力，各得力率。副并为科法。以共用功乘未并者，各为科实。实如法而一，各得县夫。求砖者，倍包砌砖厚，遍加台上、下广、袤，变名上、下阔长，以台面铺砌砖厚加台高，为台直。次列砖石长、阔、厚，各相乘，为砖石积法。通广、袤如法，乃倍上长，加下长，乘上阔，为寄。次倍下长，加上长，乘下阔，并寄，共乘直。得数减土率，余，如六而一，为泛。置南北道高子，各乘台高，为实。如各母而一，得五道诸隔高。以北道高减台高，余，并铺砌砖厚，为上停高。以南道高减北道高，余为中停高。命南道高为下停高。以履寸除诸高，得级数。以上阔减下阔，余半之，为勾。以勾乘南道高，为实。如台高而一，得底率。以底率减下阔，余为底股。以外道级数约底股，得外道踏纵。以勾乘中停高，为实。如台高而一，得中率。以勾乘上停高，为实。如台高而一，得上率。乃以中率并底率，减底股，余为中股。以西道级数约之，得西道踏纵。又以上率并中率，减中股，余为上股，为实[1]。如里道级而一，得里道踏纵。次以上停高乘中停高，并中停高乘下停高，又加下停高乘上停高，以上阔减下阔乘之，为实，如台高而一。得数，减下阔乘台直，为补。三因道阔，并下长，又加下阔于上。倍底率，减上，余乘南道高，倍之，为需。倍道阔，并下长，又加下阔于次。上阔减下阔，余乘北道高，为实，如台高而一。得数，减次，余

---

[1]为实：王守义《数书九章新释》校作"以为实"，今依《数书九章》术文惯例校正。

乘北道高，又倍之，为寄。倍道阔，以北道高减台直，乘之，得数，并补加需，又并寄。复以半道阔乘之，为叠砌积。并泛，为砖、石共率。以基脚层数乘石版厚，为基高。次以三因道阔并下长，以下阔并倍道阔乘之，为基率。次下以下长并道阔，乘下阔，减基率，余乘基高，为石率。以石率减共率，余为砖率。以砖积法除砖率，得砖数。以石版积法除石率，得石版数。

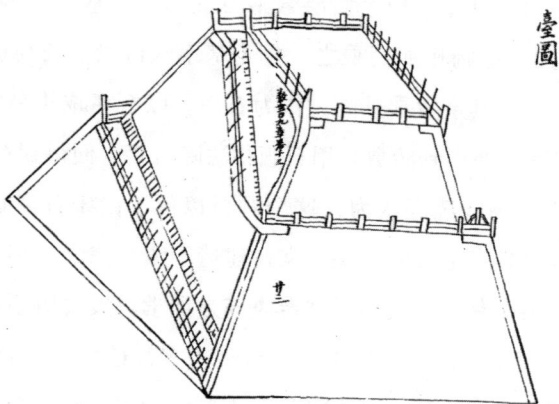

图4-1　清台图（赵琦美家钞本）

此清台实际上呈刍童形。在古代喂牲口的草称为"刍"，山无草木、牛羊无角、人秃顶皆曰"童"。"刍童"就是平顶的草垛，是中国古代常见的一种多面体。秦九韶首先是求出清台的土积和总用功：设形状为刍童之清台的上广、长分别为a_1，b_1，下广、长分别为a_2，b_2，高为h，《九章算术》给出其体积公式为

$$V=\frac{1}{6}\left[(2b_1+b_2)a_1+(2b_2+b_1)a_2\right]h。$$

首先，秦九韶使用这个公式求出整个清台的土方体积。这里的土方实际上是《九章算术》中的坚土，而挖出的土是穿土亦即壤土。由坚率和穿率及每人筑功、镬土锹土的功率求出筑功和镬锹共功。再使用《九章算术》的负土术求出定一返步，进而求出每功人到土亦即壤法。以除壤积，得负土功。与前已求出的筑功和镬锹共功相加，为总用功。

其次，求各县差夫。以各县日程数除其税力，各得力率。在旁边相加为科法。以共用功乘未相加者，分别为科实。实如法而一，便得到各县的差夫。

最后，求诸道的级数、踏纵及砖石数。由清台的上下长、上下阔、高及包砌砖厚计算出砖泛积，由砖的长、阔、厚计算出砖积，由石版的长、阔、厚计算出石版积，再求出南道高和北道高。将台高分为上、中、下三停，由履级寸数求出东、西、外道的级数和外道、西道、里道的踏纵，进而得到叠砌积。叠砌积与砖泛积相加，为砖、石共率。以基脚层数乘石版厚，为基高。再用3乘道阔与下长相加，用下阔与2乘道阔相加而乘之，作为基率。再以下长与道阔相加，与下阔相乘。用它减基率，其余数乘基高，作为石率。以石率减共率，其余数就是砖率。用砖积法除砖率，便得到砖数。用石版积法除石版率，便得到石版数。

李迪、郭世荣、杨国选等认为，这个题目以位于南宋首都临安西湖南侧的吴山天文台为样板，是有道理的。该天文台建造于绍兴三十一年（1161）。秦九韶青少年时期"侍亲中都"，吴山天文台应该是他学习天文历法和其他知识的主要场所之一。绍定四年（1231）吴山天文台遭火灾，被焚毁，8年后即嘉熙三年（1239）正月，朝廷决定重建。其主管是秦季槱的朋友、同乡李心传，当时秦九韶正丁父忧在临安。李心传请秦九韶到吴山天文台遗址进行考察，研究制定重建方案，协助整个天文台的重建，是情理之中的事。实际上，吴山天文台的台高、顶部的南北宽、东西长，基座的南北宽、东西长，整个台的土积、砖积、石方，东里峻道、东外峻道的艮隅、巽隅之高，西峻道的坤隅、乾隅之高，和南平道、北平道之高等数据，都与"计作清台"问基本一致。杨国选说《数书九章》"计作清台"问是秦九韶对吴山天文台设计的完善与升华，这是完全正确的。

二、气象专家

秦九韶是一位杰出的气象学家。他所生活的宋代，农业生产是靠天吃饭。农作物的生长需要雨水的滋润，雨多会涝，雨少会旱。而且当时战争频仍，雨雪旱涝还会影响战争的进程、胜败。统治者非常重视雨雪量。《宋史·食货志》云："帝每以水旱为忧，宝庆初年（1225）诏诸州旬上雨雪，著为令。"州郡政府常在治所设立天池盆、圆罂等接雨，设立竹笼接雪。秦九韶在天时类的系词中说：

三农务稼，厥施自天。以滋以生，雨膏雪零。司牧阅焉，尺寸验之。积以器移，忧喜皆非。

春、夏、秋三个农时人们忙于农事，但还是靠天吃饭，人们盼望着阴雨滋润，雪花飘落。君主和官吏对此也担心，所以用量雨器、测雪器测量降雨量、降雪量。当时各州县虽有量雨器、测雪器，可是，因为计算方法不对，同一个地方用不同的器具测量的雨量、雪量会不同，令人啼笑皆非。《数书九章》的第二类"天时"属于气象方面的，有"天池测雨""圆罂测雨""峻积验雪""竹器验雪"共4个题目，测雨、验雪各2个。以"天池测雨"问为例：

问：今州郡都有天池盆，以测雨水。但知以盆中之水为得雨之数，不知器形不同，则受雨多少亦异，未可以所测便为平地得雨之数。假令盆口径二尺八寸，底径一尺二寸，深一尺八寸。接雨水深九寸，欲求平地雨降几何。

答曰：平地雨降三寸。

术曰：盆深乘底径为底率。二径差乘水深，并底率，得面径。以二率相乘，又各自乘，三位并之，乘水深为实。盆深乘口径，以自之，又三因为法。除之，得平地雨深。

图4-2　天池盆

天池盆的形状实际上是《九章算术》卷五商功章倒置的圆亭，即今之圆台。这个天池盆口径2尺8寸，底径1尺2寸，深1尺8寸。所接雨水在盆的下半部也形成深9寸的倒置圆亭。《九章算术》给出的圆亭体积公式为：

$$V_{圆亭} = \frac{1}{36}（L_1L_2 + L_1^2 L_1^2）h，$$

其中L_1，L_2为圆亭的上、下底的周长。刘徽将其修正为

$$V_{圆亭} = \frac{157}{600}（d_1d_2 + d_1^2 + d_2^2）h，$$

其中d_1，d_2是圆亭的上、下底的直径。宝庆年间，秦九韶之父秦季栖正任潼川太守，秦九韶也在这一带，先是担任义兵首，后为郪县县尉。杨国选认为，"天池测雨"问是秦九韶在四川研究计量雨雪科学方法的升华，或者说四川边陲要塞是秦九韶数学研究的社会实践基地。

再以"竹器验雪"为例：

问：以圆竹箩验雪，箩口径一尺六寸，深一尺七寸，底径一尺二寸，雪降其中，高一尺。箩体通风，受雪多，则平地少。欲知平地雪高几何。

答曰：平地雪厚九寸三千四百十九分寸之七百六十四。

术曰：口径减底径，余乘雪深，半之自乘，为隅。又乘雪深幂，为实。隅、实可约，约之。开连枝三乘方，得平地雪厚。

圆竹箩验雪器亦呈圆亭形。设圆竹箩的口径为d_1，底径为d_2，箩深为H，雪深为h，秦九韶给出了求平地雪高x的方程为开连枝三乘方：

$$\left(\frac{d_1 - d_2}{2}\right)^2 x^4 - \left[h^2 H^2 + \left(\frac{d_1 - d_2}{2}\right)^2\right] h^2 = 0。$$

淳祐八年（1248），秦九韶将《数书九章》上奏朝廷。两年之后，宋理宗便

下诏在各州郡使用天池盆、圆罂等量雨器和圆竹篓等测雪器，应该是受秦九韶上奏的启发。秦九韶的量雨、测雪的科学方法被朝廷推广，在农业、手工业、民生、军事和社会生活各方面取得了良好的社会效益。钱宝琮高度评价天池盆，指出"天池盆是世界文化史上最早出现的量雨器"。《中国古代量雨器的史缘》也有同样的记载。欧洲直到1639年才由卡士戴里（B. Castelli）首创雨量计，比秦九韶晚了近400年。2010年3月28日，坐落于南京的中国北极阁气象博物馆开馆。为表彰秦九韶最早为量雨、测雪提出的科学方法，在馆内为秦九韶塑造雕像。

三、建筑学家

秦九韶是一位出色的建筑学家。周密说秦九韶从吴潜处取得湖州西门外苕水所经的名为曾上的地方之后，"遂建堂其上，极其宏敞。堂中一间横亘七丈。求海枕之奇材，为前楣，位置皆自出心匠。凡屋脊、两翚、抟风皆以砖为之。堂成七间，后为列屋"，可见他精通建筑。《数书九章》特设"营建类"，秦九韶在其系词中指出：

> 斯城斯池，乃栋乃宇，宅生寄命，以保以聚。鸿功雉制，竹个木章。匪究匪度，财蠹力伤。围蔡而栽，如子西素。匠计灵台，俾汉文惧。惟武图功，惟俭昭德。有国有家，兹焉取则。

秦九韶在这里是说，城池、宫殿、庙宇、民宅等各种建筑对国家的治理、人民的生活是必不可少的。宏大的工程，雉堞的形制，对所使用的竹木等建筑材料如果不度量谋划，就会损坏财物，伤害人力。他引用《左传》所记载的鲁哀公元年（前494）楚昭王围蔡，用子西的计谋，在蔡城的周围筑围垒，迫使蔡国投降的典故，以及工匠设计的灵台值百金，使汉文帝感到恐惧的典故，希望不管是对于国还是对于家，都应该以此为准则，说明对任何建筑都要预先设计，讲究节约。他设计了"计定城筑""楼橹功料""计造石坝""计浚河渠""计作清台""堂皇程筑""砌砖计积""竹围芦束""积木计余"共9个有关建筑的题目。其中"计作清台"问在前面已经谈过。"堂皇程筑"问是：

> 问：有营造地基长二十一丈，阔一十七丈。先令七人筑坚三丈，计功二日。今涓吉立木有日，欲限三日筑了，每日合收杵手几何。
>
> 答曰：日收五百五十五工三分工之一。
>
> 术曰：以长乘阔，又乘元日元人，为实。以限日乘筑丈数为法，除之，得人夫。

涓吉指选择吉祥的日子。这里的运算没有难懂之处。

"砌砖计积"问是：

> 问：有交到六门砖一十五垛，每垛高五尺，阔八尺。其砖每片长八寸，阔四寸，厚一寸。欲砌地面，使用堂屋三间，各深三丈，共阔五丈二尺。书院六间，各深一丈五尺，各阔一丈二尺。后合四间，各深一丈三尺。内二间阔一丈，次二间阔一丈五尺。亭子地面一十所，各方一丈四尺。欲知见有、今用、外余砖各几何。
>
> 答曰：见有一十八万七千五百片，
>
> > 今用一万六千四百六片四分片之一，
> >
> > 外余一十七万一千九十三片四分片之三。
>
> 术曰：以少广求之。置各地面深、阔相乘，以间数若所数乘之，共为实。砖长、阔数相乘，为砖平法。除，得今用砖数。次以砖垛高、长、阔相乘，为实。却以砖法乘厚，得数为砖积法。除之，得每垛砖数。次以垛数乘之，得见有砖。以减今用砖，得余砖。

此问的两项主要计算，即求今用砖数和每垛砖数，都是先计算其体积，然后或用砖长、阔相乘数即平法，或用砖法乘厚即砖积法除之，都是体积问题的逆运算。可见，秦九韶所用"少广"是用其本义，即面积、体积问题的逆运算。

此外，大衍类卷一"推计土功"问、卷二"积尺寻源"问，测望类卷七"望山高远"问、卷八"表望方城""遥度圆城""古池推元""表望浮图"问也都是建筑问题，或为建筑做准备的问题。

"表望浮图"问是：

> 问：有浮图欹侧，欲换塔心木，不知其高。去塔六丈，有刹竿，亦不知高。竿木去地九尺二寸始钉锔，锔一十四枚，枚长五寸，每锔下股相去二尺五寸。就竿为表，人退竿三丈，遥望浮图尖，适与竿端斜合。又望相轮之本，其景入锔第七枚上股，人目去地四尺八寸，心木放三尺为楯卯剪截。欲求塔高、轮高，合用塔心木长各几何。
>
> 答曰：塔高一十一丈七尺，相轮高四丈五尺，
>
> 　　　塔身高七丈二尺，竿高四丈三尺二寸，
>
> 　　　塔心木七丈五尺，内三尺为剪截穿凿楯卯。
>
> 术曰：以勾股求之，重差入之。置锔数，减一，余乘锔相去数，并一枚长数，加竿本，共为表竿高。以退表为法，以人目高减表竿高，余乘竿去塔，为实。实如法而一。得数，加表竿高，共为塔高。置相轮本之锔数，减一，余乘锔相去，为上。又人退竿并竿去塔，乘上，为实。实如法而一，得相轮高。以减塔高，余为塔身高。以益楯卯尺数，为塔心木长。

"浮图"本来是对佛或佛教徒的称呼，也是对佛教建筑的概称，后专指高塔。"欹"谓倾斜，歪向一侧。"刹竿"即刹柱，寺前的幡竿。"锔"是一种两脚的钉子，常用以联合破裂的器物。"相轮"是五重塔屋根的金属部分的总称，塔刹的主要部分。贯串在刹柱上的圆环，多与塔的层数相应，为塔的表相，故称。"景"同"影"。"楯"是阑干。据韩祥临考证，"表望浮图"问的原型是今浙江省湖州市南郊道场山之巅的多宝塔，如图4-3（1），得到学术界的赞同。多宝塔又名文笔塔、文风塔，始建于北宋元丰年间（11世纪下叶），为砖身，木檐，楼阁式，八面七层，高33米，置于正八角形的石筑台基之上。五层底部置千斤梁，竖刹柱木，一根粗壮的塔心木穿过第五、六、七层，直插塔尖，非常壮观。可惜多宝塔在嘉熙末年（1240）遭雷击，塔心被烧毁，塔身歪斜。湖州知府

决定修复多宝塔。秦九韶在湖州西门外所建住宅在当地很有名，知府请同僚秦九韶参加了多宝塔的修复甚至让其主使其事，是顺理成章的。秦九韶主要用勾股和重差术求解这个问题，是轻车熟路。秦九韶对重差术有所改进，就是将刘徽时代伏地观测改为从人目之高处观测，更为方便。

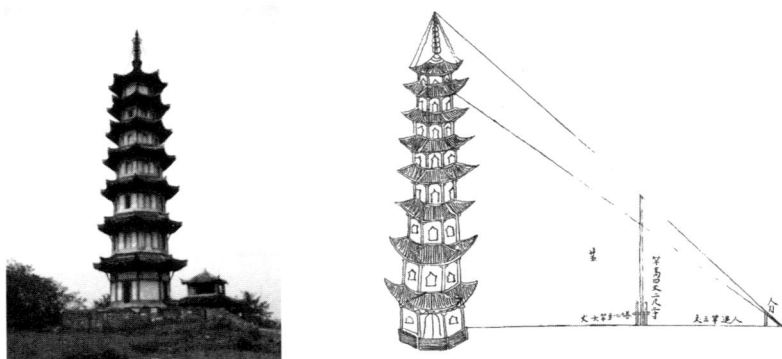

（1）湖州多宝塔（杨国选提供）　　　（2）望塔图（赵琦美家钞本）

图4-3　"表望浮图"图

四、农田水利专家

秦九韶非常重视农田水利。首先是农田，他在田域类设计了"尖田求积""三斜求积""斜荡求积""计地容民""蕉田求积""均分梯田""漂田推积""环田三积""围田先计"共9个问题。其中"漂田推积"问是：

问：三斜田被水冲去一隅而成四不等直田之状。元中斜一十六步，如多长。水直五步，如少阔。残小斜一十三步，如弦。残大斜二十步，如元中斜之弦。横量径一十二步，如残田之广。又如元中斜之勾亦是水直之股。欲求元积、残积、水积、元大斜、元小斜、二水斜各几何。
答曰：元积一百三十九步一十一分步之七，
　　　水积一十三步一十一分步之七，
　　　残积一百二十六步，

元大斜二十九步一十一分步之一，

元小斜一十八步一十一分步之一十，

水大斜九步一十一分步之一，

水小斜一十一分步之一十。

术曰：以少广求之，连枝入之，又勾股入之。置水直，减中斜，余为法。以中斜乘大残，为大斜实。以法除实，得元大斜。以残大斜减之，余为水大斜。以法乘径，又自之，为小斜隅。以水直幂并径幂，为弦幂。又乘径幂，又乘中斜幂，为小斜实。与隅可约，约之。开连枝平方，得元小斜。以残小斜减之，余为水小斜。以水直幂并水大斜幂，减水小斜幂，余半之，自乘于上。以水直幂乘水大斜幂，内减上，余四约之，通分内子，为实。以母为从隅，开连枝平方，得水积。以水直并中斜，乘径，为实。以二为法除之，得残积。以残积并水积，共为元积。有分者通之，重有者重通之。

此问求元大斜时要用以水直减中斜去除"以中斜乘大残"得到的"大斜实"，是面积问题的逆运算。可见，秦九韶说"以少广求之"，也是用"少广"的本义。用开平方求元小斜、水积时，其隅（开方式中最高次项系数）分别是"以法乘径，又自之"和"母"，亦即开方式中 $|a_0| \neq 1$，秦九韶将其称为"连枝"开方。在运算中还用到勾股术。所以秦九韶说"连枝入之，又勾股入之"。

雍正年间《潼川民间传说集》（钞本）有"秦县尉巧断农田边界"的传说，说秦九韶在郪县任县尉的绍定四年（1231），郪县暴发洪灾，冲毁许多农田。秦九韶在核桃坝查看灾情时发现郭、柳两家农夫为被洪水冲垮的田地争执。原来两家的田地有一边相邻，两家的另一边在同一直线上，合在一起就是一块三斜田。洪水将柳家的田地冲走了

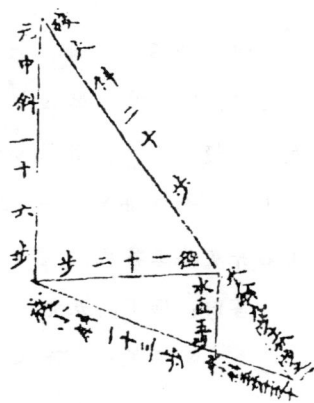

图4-4 "漂田推积"图（《四库全书》文津阁本）

三角形的一角，整个田地就成了一块四不等直田。秦九韶度量了三斜田的三条边和相邻边的长度，又度量了柳家被冲去一角的数据，经过计算，帮助两家划定了地界，大家都很满意。后来当地一位教书先生认为，《数书九章》中的"漂田推积"问的原型就是秦九韶巧断农田边界事。

秦九韶关于水利方面的见解主要是在测望类阐发的，他在测望类系词中说：

> 莫高匪山，莫浚匪川。神禹奠之，积矩攸传。智创巧述，重差夕桀。求之既详，揆之周越。崇深广远，度则靡容。形格势禁，寇垒仇墉。欲知其数，先望以表。因差施术，坐悉微渺。

其大意是：不高的就不是山，不深的就不是河。神圣的大禹勘定之，他使用过的勾股定理还在流传。人们靠聪明才智创造重差、夕桀等测量方法。求解的方法详尽，测量起来就无所谓远近。不管高深广远，度量起来没有不合适的。不管是山川的阻碍，还是敌寇的堡垒城池，想知道其大小距离，只要用表测望就行了。根据不同的情况使用重差术，守在一个地方，就可以知道其精确的数值。

秦九韶在营建类设计了"计造石坝""计浚河渠"等问题，在测望类设计了"邻台测水""陡岸测水""古池推元"等水利问题。

"计造石坝"问是：

> 问：创石坝一座，长三十尺，水深四丈二尺，令面阔三丈。石版每片长五尺，阔二尺，厚五寸，用灰一十斤。每层高二尺，差阔一尺。石匠每工九片。般扛五片，用工四人。兼工般灰兼用，每工一百一十斤。火头每名管六十人，部押每名管一百二十人。所用石须原段，不许凿动。欲知坝下阔及用石并灰共工各几何。
>
> 答曰：坝下阔五丈。
>
> 石版一十万八百片，石灰一百万八千斤。
>
> 用夫一十万三千五百二十八功一十一分功之八。
>
> 术曰：以商功求之，招法入之。置层高尺数，乘面阔及长，为初率。

次以差阔尺数乘高，又乘长，为次率。却以石版长、阔、厚相乘，为法，以除二率，各得石版为上积及次积。置深，以层高尺数约之，得层数。对二积列之一行，各添一拨天地数，各以累乘对约之，得乘率。以对上、次积，并之，为石版。以每片用灰乘石，为灰数。以匠功片数约版，得石匠。以般夫数乘石版，为实。以扛片数为法，除之，得人数。以般用灰数除灰，得人数。并诸工，以火头管数约之，为火头。半之，为部押。

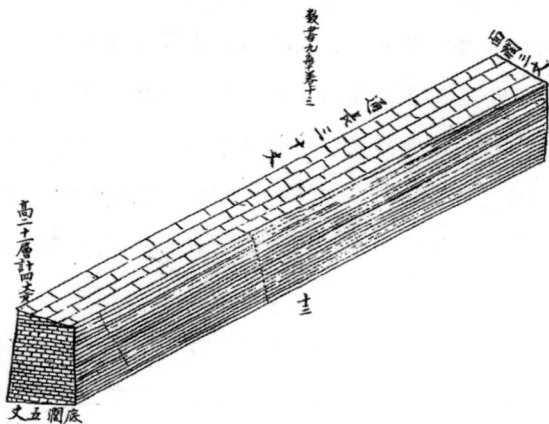

图4-5　石坝图（赵琦美家钞本）

　　"招法"，招差法的简称，是宋元筹算数学中由等差级数和高阶等差级数求和发展起来的一个数学分支。从后面的草可以看出，这里仅是等差级数问题。"天地数"，《周易·系辞》云："天数二十有五，地数三十，凡天地之数五十有五。"天为阳，阳为奇数，地为阴，阴为偶数。若将从1到10内的所有奇数相加，则和为25，即以此奇数看作"天数"；所有偶数相加，则和为30，即以此偶数看作"地数"。两者之和55即为天地数。尚未搞清天地数在此问计算中的作用。"般"，通"搬"，搬运。"部押"，督率。据杨国选考证，"计造石坝"问是鄞县核桃坝石堰设计雏形的升华与结晶。南宋绍定二年（1229），鄞县所在的潼川府路大旱，知府许奕组织民众修筑鄞县核桃坝石堰、梓州江闸石堰等水利设施。秦九韶当时在鄞县任义兵首，十月又被任命为鄞县县尉。作为精通数学，水利知识丰富又关心民众疾苦的青年才俊，他肯定参加并指导了这些水利设施的设计与建造。事实上，核桃坝石堰的堰堤通长、面阔和深，石版的长、阔、厚等都与"计造石坝"问的数据相近。

田域类卷六的"围田先计"问实际上也是一个水利问题，该问是：

问：有草荡一所，广三里，纵一百十八里，夏日水深二尺五寸，与溪面等平。溪阔一十三丈，流长一百三十五里入湖。冬日水深一尺，欲趁此时围裹成田。于荡中顺纵开大港一条，磬折通溪。顺广开小港二十四条，其深同。其小港阔比大港六分之一，大港深比大港面三分之一，大、小港底各不及面一尺，大、小港底各不及面一尺。取土为埂，高一丈，上广六尺，下广一丈二尺。荡纵当溪，其岸高、广倍其埂数，上、下流各立斗门一所。须令田内止容水八寸，遏余水复溪入湖。里法三百六十步，步法五尺。欲知田积，埂土积，大、小港底面深、阔，冬、夏积水，田港容水、遏水，溪面泛高各几何。

答曰：田积一千八百八十四顷八十三亩九十六步，

埂土积九百六十五亿五千二百万立方寸。

大港面阔三丈五尺四寸，

底阔三丈四尺四寸，

深一丈一尺八寸。

小港面阔六尺三寸六分寸之一，

底阔五尺三寸六分寸之一，

深一丈一尺八寸。

夏积水二万八千六百七十四亿立方寸，

冬积水一万一千四百六十九亿六千万立方寸。

田容水九千一百一十三亿四千七百二十万立方寸，

港容水九百六十五亿五千二百万立方寸。港上者在田内。

遏出水一万八千五百九十五亿八十万立方寸。

溪面泛高一十三寸八千七百七十五分寸之七百九。

术曰：以商功求之。步、里法皆先化寸。各通广、纵为率。二率相并为和，二率相乘为寄。三因纵率于上。倍和，加上，为段。并埂二广，乘半埂高，又乘段，为土积，亦为港容水。以阔母乘土积，为实。以阔子乘小港数，又乘广率，为泛。阔母乘纵率，并泛，为堡。以半不及乘之，为益方。又置堡，以深母乘之，深子除之，为隅。开平方，至寸收之。为大、小港等深。以深母因等深，又以深子除之，为大港面。内减半不及数，余以阔子乘之，阔母除之，又加半不及数，为小港面。二面各减不及，为底。倍和加纵，以埂下广乘之，为址。置小港数，乘广率，以阔子乘之，阔母除之，并纵率。复以大港面乘之，为港平。以港平并址，减寄，余为田积。以址减寄，余乘容水，为田容水。以夏、冬水深乘寄，得夏、冬积水。以田容水并港容水，减夏积水，余为遏出水。以八节乘之，为实。以溪阔乘流长，又乘岁日，为法除之，得溪面泛高。

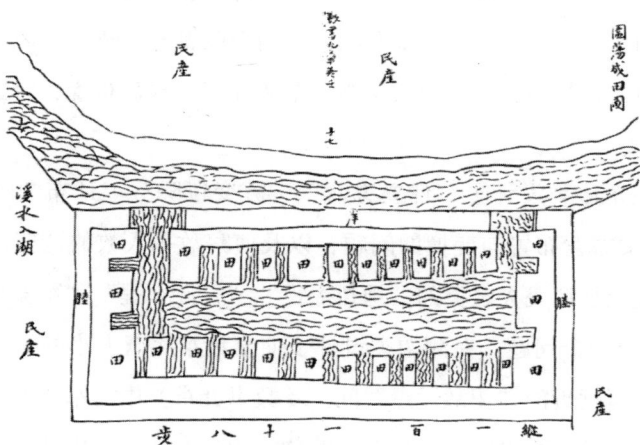

图4-6 "围荡成田"图（赵琦美家钞本）

"磬"是中国古代一种石制或玉制的打击乐器或礼器，形如曲尺，悬于架上，用木槌击奏。"磬折"泛指人身、物体或自然形态曲折如磬。"埂"是田间稍稍高起的小路，或地势高起的长条地方，或用泥土筑起的堤防。此处指后者。"遏"谓阻止，禁止。这里的埂呈《九章算术》中堑、堤的形状，其土积的公式是：

$$V = \frac{1}{2}(a_1 + a_2)\,bh,$$

其中a_1，a_2，b，h分别为埂的上广、下广、长和高。求大、小港等深的时候，需要开平方。其他计算都是分数的四则运算。

五、军事家

秦九韶生活在宋金、宋蒙战争频仍的时代，除"侍亲中都""差校正"及因母丧丁母忧回湖州居家三年外，他的童年和宦迹基本上都在今四川、湖北、安徽、浙江和江苏一带，不仅处于宋金、宋蒙战争的交织地带，而且他自己担任的也多是与军事有关的职务，如鄞县县尉；有的虽不是正式的军事职务，如蕲州通判、和州太守、建康府通判等，但作为抗金、抗蒙前线的主官或副手，必定参与军队的建设和相关调动等工作。秦九韶以他的爱民思想、数学知识和才能，研究了军队管理中的智慧和仁爱、作战谋略、军队训练、营盘布置、后勤保障等重大问题。

秦九韶在军旅类设计了"计立方营""方变锐陈""计布圆阵""圆营敷布"共4个有关军营布置与变换的问题，以及侦察敌军人数的"望知敌众"问，有关军需供应及征调民夫之类的"均敷徭役""先计军程""军器功程""计造军衣"等问，共9个问题。在测望类设计了侦察敌军兵营大小的"望敌圆营"问和侦察敌军兵营远近的"望敌远近"问。《数书九章》中与军事有关的凡11个问题，占《数书九章》全书问题的13%。测望类中还有与战争中敌人堡垒的大小、行程远近等有关的"望山高远""表望方城""遥度圆城"3问。《数书九章》中军事问题之多，在古代数学著作中是空前的，而且使用了当时最先进的数学方法。

军旅类"计立方营"问是：

问：一军三将，将三十三队，队一百二十五人。遇暮立营，人占地方八尺。须令队间容队，帅居中央，欲知营方几何。

答曰：营方一百七十一丈，队方九丈。

术曰：以少广求之。置人占方幂，乘每队人，为队实。以一为隅，开平方。所得，为队方面。或开不尽，就为全数。次置队数，乘将，又四因之，增三，共为实。以二为从方，一为从隅，开平方。得率，以乘队方面，为营方面。开不尽，为全数。

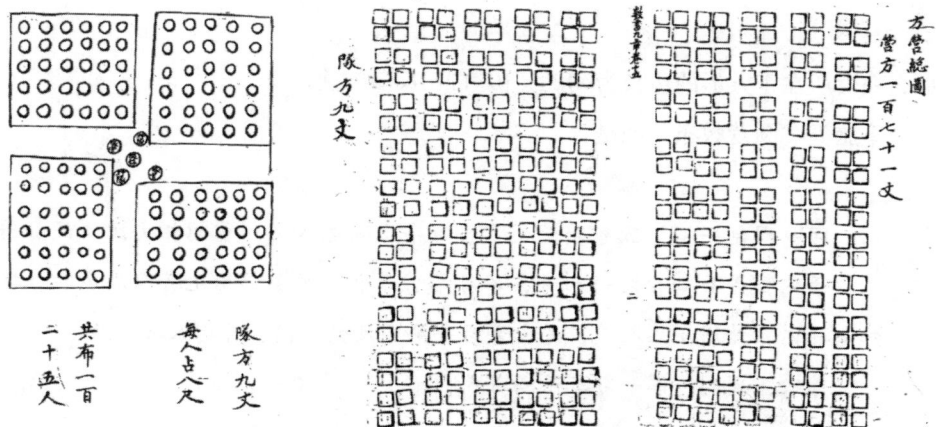

（1）方营各队图　　　　　　　　　　　　（2）方营总图

图4-7　"计立方营"图（赵琦美家钞本）

假设一队的边长为x_1，则

$$x_1^2 = 125 \times 8^2 = 8000。$$

求得$x_1=89$尺，不尽79尺，取其全数，得到一队的边长，即

$$x_1 = 90\text{尺}。$$

假设一营所容队数为x，则

$$(x+1)^2 = 4 \times (3 \times 33 + 1)，$$

亦即

$$x^2+2x=399。$$

求得

$$x=19。$$

那么一营所在正方形的边长为90尺×19=1710尺=171丈。

军旅类"圆营敷布"问是：

　　问：周制一军，欲布圆营九重：每卒立圆边六尺，重间相去比立尺数倍之。于内摘差兵四分之一出奇，不可缩营示弱，须令仍用元营布满余兵。欲知元营内、外周及立人数，并出奇后每卒立尺数、内、外周人数各几何。

　　答曰：周制一军一万二千五百人，

　　　　　出奇三千一百二十五人。

　　　　　元内周八百四丈，立一千三百四十人。

　　　　　元外周八百六十一丈六尺，立一千四百三十六人。

　　　　　出奇后元外周立一千八十九人，

　　　　　　　元内周立一千一十六人。

　　　　　　内外周人立七尺九寸一分。

　　术曰：以商功求之。置重数，减一，余为段。以段乘圆差，为衰。以衰乘重数，为率。求元周，以率减兵，余如重数而一，得内周人数。不满为余兵。以人立圆边乘内周人，得内周尺。倍衰，乘圆边，为泛。以泛并内周尺，得外周尺，为实。如圆边而一，得外周人。求出奇后，以率加存兵，如重数而一，得外周人。不满为余兵。以外周人约元外周尺，得后立尺。以后立尺约元内周，得内周人。

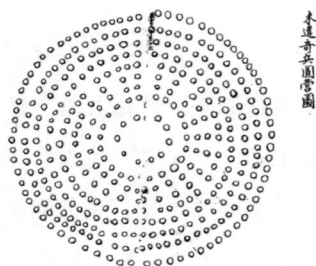

（上）未遣奇兵圆营图
（下）已遣奇兵圆营图

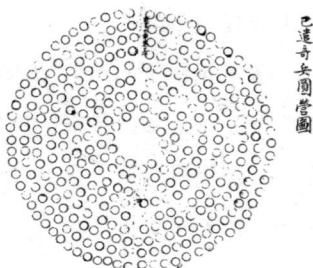

图4-8　"圆营敷布"图（赵琦美家钞本）

　　"敷布"谓铺叙，铺陈。《释名·释典艺》云："诗，之也，志之所之也。
兴物而作谓之兴，敷布其义谓之赋，事类相似谓之比。""元"即"原"，盖今
"原来"之"原"，在明代之前均作"元"。"出奇"谓出奇兵，用奇计。《孙
子·势》云："凡战者，以正合，以奇胜，故善出奇者，无穷如天地，不竭如江
河。"汉扬雄《解嘲》云："陈平出奇，功若泰山，响若坻𣽧。"南宋岳飞《奏
邓州捷状》云："分遣王万、董先军兵，出奇突击，敌众大溃。""圆营敷布"
问是一个将12500个士兵列为9层的圆形兵营，需要抽出$\frac{1}{4}$即3125人的兵力作为奇
兵，又不缩小营盘以示弱，须重新布置营盘，而使剩余的士兵仍布满原来的营盘
以迷惑敌人的问题。不言而喻，这是秦九韶亲临抗蒙战场在战斗中总结出来的队
列变换的问题。

　　有关敌情侦察的问题有侦察敌军人数的"望知敌众"问，在军旅类；有侦察
敌军兵营大小的"望敌圆营"问，有侦察敌军兵营远近的"望敌远近"问，都在
测望类。

军旅类"望知敌众"问是:

问：敌为圆营，在水北平沙，不知人数。谍称彼营布卒占地方八尺。我军在水南山原，于原下立表，高八尺，与山腰等平。自表端引绳，虚量平至人足三十步。人立其处，望彼营北陵，与表端参合。又望营南陵，入表端八尺。人目高四尺八寸。以圆密率入重差，求敌众合得几何。

答曰：敌众三万五千六百四十二人。

术曰：以勾股求之。置表高，并人目，乘人退表步，又乘入表，为实。以入表并人目，乘人目高为法，除之，得径。以密周率乘径，得数为实。以密径率因人立为法，约之，得外周人数。余数为一。副置，加六，以乘副，得数为实。如一十二而一，余亦收为全。

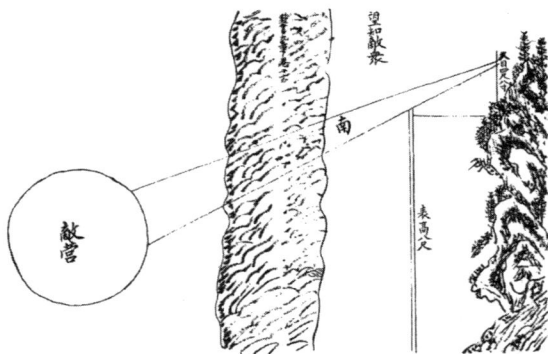

图4-9   "望知敌众"图（赵琦美家钞本）

这是一个用勾股术求敌人人数的问题，对秦九韶而言是轻车熟路。

测望类"望敌圆营"问是:

问：敌临河为圆营，不知大小。自河南岸至某地七里，于其地立两表，相去二步。其西表与敌营南北相直。人退西表一十二步，遥望东表，适与敌营圆边参合。圆法用密率，里法三百六十步。欲知其营周及径各几何。

答曰：营周六里八十七步三万五千九百一十七分步之二千三百三十七，

径一里三百五十四步五千一百三十一分步之五千四。

术曰：以勾股夕桀求之。置表间，自乘，为勾幂。以退表自乘，为股幂。并二幂，为弦幂。置里，通步，并退表，为率。自之，乘勾幂，为泛实。以勾幂乘率，为泛从方。以四约股幂，为泛隅。三泛可约，约之，为定。开连枝平方，得营径。以密率二十二乘，七除，为周。

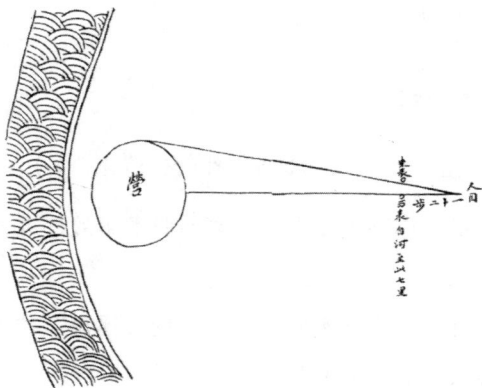

图4-10　"望敌圆营"图（赵琦美家钞本）

用勾股术求解此问，对秦九韶而言也是轻车熟路。唯"夕桀"二字历来有争论。陆德明认为郑众、郑玄所说的西汉增加的数学分支没有"夕桀"，而郑玄的老师马融认为"夕桀"与勾股、重差都是西汉新增的数学分支。从此问看不出秦九韶对"夕桀"的理解与勾股有什么不同。

测望类"望敌远近"问是：

问：敌军处北山下原，不知相去远近。乃于平地立一表，高四尺。人退表九百步，步法五尺。遥望山原，适与表端参合。人目高四尺八寸。欲知敌军相去几何。

答曰：一十二里半。

术曰：以勾股求之，重差入之。置人目高，以表高减之，余为法。置退表，乘表高，为实。实如法而一。

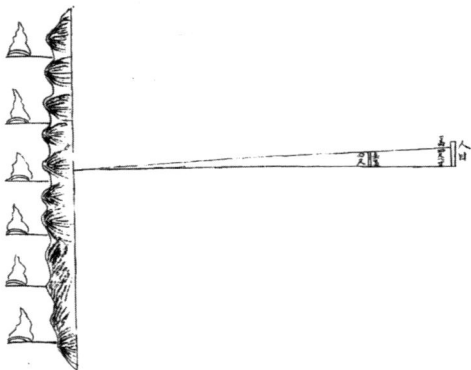

图4-11 "望敌远近"图（赵琦美家钞本）

这个问题实际上没有用到重差术，而以勾股术望敌远近，对秦九韶而言也是轻车熟路。

有关军需供应及征调民夫之类的问题有"均敷徭役""先计军程""军器功程""计造军衣"等问，都在军旅类。

军旅类"均敷徭役"问是：

问：军戍差坐烽摆铺，切虑差徭不均。今诸军共合差一千二百六十人，契勘诸军见管，前军六千一百七十人，右军四千九百三十六人，中军七千四百四人，左军三千七百二人，后军二千四百六十八人。各军合差几何。

答曰：前军差三百一十五人，

右军差二百五十二人，

中军差三百七十八人，

左军差一百八十九人，

后军差一百二十六人。

术曰：以均输求之。置各军见管人，验可约，求等以约之。为衰。副并为法。以共合差数乘列衰，各为实。实如法而一，各得。

"摆铺"是宋代各府县所设传递公文信息的驿站，亦指传递信息的公文差役。这个问题是以衰分术求解，尽管《九章算术》均输章有用衰分术求解的问题，但秦九韶说此问"以均输求之"，略嫌不妥。

军旅类"先计军程"问是：

问：一军三将，将十队，队七十五人。每将分左右傔作九行。爬头拽行，每日六十里。明日路狭，以单兼拽行，至晚。欲先知宿程里数合几何。

答曰：六里二百四十步。

术曰：以均输求之。置行数为法。以单数一行用乘日程里为实。实如法而一，得宿程里步。

"傔"，差役，侍从，跟随。"拽"，同"曳"，拉，牵引。此问的解法实际上用不到传统的均输术。秦九韶说"以均输求之"，是指采用了《九章算术》均输章里的同工共作等类问题的方法。

军旅类"军器功程"问是：

问：今欲造弓、刀各一万副，箭一百万只。据功程，七人九日造弓八张，八人六日造刀五副，三人二日造箭一百五十只。作院见管弓作二百二十五人，刀作五百四十人，箭作二百七十六人。欲知毕日几何。

答曰：造弓一万张，三百五十日。

造刀一万把，一百七十七日九分日之七。

造箭一百万只，一百四十四日六十九分日之六十四。

术曰：以粟米求之，互换入之。置各功程元人率于右行，置元日数于中行，置欲求数为左行。以左行乘中行，各为法。以对除右行，各得日数。

"作院"，作坊，工场。《宋史·职官志三》云："绍兴二年（1132），诏于行在别置作院造器甲，令工部长贰提点，郎官逐旬点检。""互换"，即《九章算术》卷二粟米章今有术。

军旅类"计造军衣"问是：

问：库有布、绵、絮三色，计料欲制军衣。其布，六人八匹，少一百六十四；七人九匹，剩五百六十四。其绵，八人一百五十两，剩一万六千五百两；九人一百七十两，剩一万四千四百两。其絮，四人一十三斤，少六千八百四斤；五人一十四斤，适足。欲知军士及布、绵、絮各几何。

答曰：兵士一万五千一百二十人。

布二万匹，

绵三十万两，

絮四万二千三百三十六斤。

术曰：以盈朒求之。置人数于左右之中，置所给物各于其上，置盈朒数各于其下，令维乘之。先以人数互乘其所给率，相减，余为法。次以人数相乘，为寄。后以盈朒互乘其上未减者，是谓维乘。验其下，系一盈一朒。以上下皆并之，其上并之为物实。其下并之，乘寄，为兵实。二实皆如法而一，各得。验其系两盈或两朒者，以上下皆相减之。其上减之余为物实，其下减之余，乘寄，为兵实。二实皆如法而一，各得。验其或一盈一足或一朒一足者，其适足乃以空互乘其上未减者，去之，只以所用盈朒数互乘其上，为物实。以盈或朒一数乘寄，为兵实。皆如法而一，各得。

"朒"，本义是新月开始生光，引申为不足。"以盈朒求之"就是"以盈不足术求之"。

在测望类的系词中，秦九韶说"崇深广远，度则靡容。形格势禁，寇垒仇堭。欲知其数，先望以表。因差施术，坐悉微渺"，无疑也是针对军事问题的。秦九韶根据不同的情况使用重差术，人们驻守在一个地方，就可以知道其他地方的高深广远的精确数值，这对军事侦察、军队部署无疑是有重大意义的。

六、理财家

秦九韶是一位杰出的理财家。他在第六类"钱谷"系词中说：

> 物等敛赋，式时府庾。粒粟寸丝，褐夫红女。商征边籴，后世多端。吏缘为欺，上下俱殚。我闻理财，如智治水。澄源浚流，维其深矣。彼昧弗察，惨急烦刑。去理益远，吁嗟不仁。

秦九韶认为，管理者要对人、事及征收的赋税了解得一清二楚，规范合时的官府粮库。一粒米一寸丝都是普通的男女劳动者创造的。商人到远处怎么买卖，购进粮食供边防使用，后世有多种途径。官吏借此进行欺骗，上上下下都感到畏惧。理财就如同聪明人治理洪水，澄清源头，疏通河道，就要考虑它们的深远。官吏糊涂而不考察，只知道施行严峻苛细的刑罚，偏离事理愈来愈远，没有仁厚之德。理财不仅要开源节流，精打细算，而且要防止官吏的严刑苛法和商人的欺骗。秦九韶将理财与仁政联系了起来。

赋役类的系词也涉及理财问题。赋役类卷九"复邑修赋"问是《数书九章》中答案最多的一个问题，达180条之多，长达六七千字。实际上这是个用衰分术解决的问题，没有用到宋元时期创造的高深方法。但是这个问题非常细致，应该是秦九韶亲自处理过的问题，而不是向壁虚构。

市易类当然也涉及理财。秦九韶说：

> 日中而市，万民所资。贾贸墆鬻，利析铢镏。墆财役贫，封君低首。逐末兼并，非国之厚。

秦九韶是说："中午设立市场，以利于百姓进行交易、贩卖。商贾囤积并待价卖出，一铢一镏地剖析获利。囤积聚敛钱财，役使平民百姓，有封邑的贵族也得恭顺地低头。商贾经商发财而侵并土地，并不是国家的财富。"可见秦九韶是站在国家的高度及平民老百姓的立场上看待贸易问题的。

七、骈俪诗词的高手

　　周密说，秦九韶"尝从李梅亭学骈俪诗词"。李梅亭就是李刘，字公甫，崇仁白沙（今江西省崇仁县张坊乡沙洲村附近）人。南宋后期骈文作家，著有《梅亭四六标准》40卷。李刘先后在四川荣、眉两州任知州，后担任西南一带的漕运使，统领成都等诸路军马，以御史大夫之职负责四川（含云、贵）的军、政事务。后迁两浙运干办公事。嘉定十六年（1223）正月，李刘在此任上曾与秦季槱一同"点检试卷"，时秦九韶随侍在杭州。李刘是秦季槱的同事、朋友，秦九韶向他学习，是情理之中的事。事实上，后来他们还经常来往。李刘后来历任崇政殿说书、起居舍人、吏部侍郎、中书舍人兼直院、宝章阁待制等职，曾推荐秦九韶到朝廷担任差校正。他以写骈体文著名，融化古语工巧，运用典故恰到好处。李刘是宋代最用力于四六的文人，在当时享有盛名。

　　秦九韶的诗词没有流传下来。但从秦九韶的《数书九章·序》，特别是文后九类数学问题的系词看，他确实得到了李刘的真传。他的文笔非常优美，典故运用得十分贴切，对仗工巧稳妥，风格也典重浑成，表现了他具有实事求是的科学精神与创新精神，关心国计民生的政治抱负，反对官府豪强对贫苦人民的剥削、主张施仁政的爱民情怀，支持抗金、抗蒙战争的主战思想，以及将数学看成实现上述理想的有力工具的思想，也是反驳政敌刘克庄、周密等对他的诋毁的有力证据。

第二节　务实求故、施仁政、主战、爱民
——秦九韶的思想

秦九韶的数学思想、仁政思想和主战、爱民思想也值得世人的关注和景仰。

一、秦九韶的数学思想

秦九韶的数学思想着重体现在讨论数与道的关系、数学密切联系实际以及探求立论的依据（即所谓"求故"的思想）三个方面。

（一）数与道非二本

1. 通神明与类万物

作为数学家，秦九韶像中国古代数学家和有远见的学者一样，高度评价数学的作用，反对轻贱数学的世俗看法。他说：

> 周教六艺，数实成之，学士大夫所从来尚矣。其用本太虚生一，而周流无穷：大则可以通神明，顺性命；小则可以经世务，类万物。讵容以浅近窥哉？

这是说，周公姬旦制礼作乐，建立西周的典章制度。数学是夏、商、周代贵

族子弟必须学习的六门课程"六艺"之一。刘徽《九章算术注·序》说:

> 周公制礼而有九数,九数之流,则《九章》是矣。往者暴秦焚书,经术散坏。自时厥后,汉北平侯张苍、大司农中丞耿寿昌皆以善算命世。苍等因旧文之遗残,各称删补。

我们尚不清楚西周初年周公时代"九数"的内容,它肯定不同于东汉初大经学家郑众所说的战国、西汉时代的九数。贾公彦《周礼疏》云,郑众所说的先秦九数指"方田、粟米、差分、少广、商功、均输、方程、赢不足、旁要"九类。"差"的本义是次第,等级。"差分"就是按等级分配,后来称为"衰分"。"衰"指由大到小依照一定的等级递减。《九章算术》和秦汉数学简牍已经有完整的衰分术,即今之按比例分配方法。"旁要"的意义历来看法各异。根据《九章算术》体例的分析,旁要应该包括《九章算术》勾股章中的勾股术和若干一次测望问题。它在西汉扩充为勾股。无论如何,其中方田、粟米、衰分、少广及商功、旁要等类的某些内容在周公时代甚至夏、商应该具备了,并在战国时期发展为郑众所说的"九数",进而发展为《九章算术》。可是由于秦始皇焚书(当然还有秦末战乱,特别是楚霸王项羽的烧杀掳掠)而遭到破坏。张苍、耿寿昌先后搜集先秦的残简,又补充若干新的内容,加以删节整理,编纂为现传的《九章算术》。此后,"九数"常作为数学、算学的代称。因此,学者们都尊崇数学。

"太虚"是中国古代哲学的重要范畴,既指广大无垠的空间,又指产生天地万物的始基和根源。《庄子·知北游》云:"若是者外观乎宇宙,内不知乎大初,是以不过乎昆仑,不游乎太虚。"《淮南子·天文训》云:"道始于虚霩,虚霩生宇宙,宇宙生气。""虚霩"就是太虚。张载提出"太虚即气"的重要命题,指出"太虚无形,气之本体,其聚其散,变化之客形尔""气之聚散于太虚,犹冰凝释于水",认为气凝结则成为万物,气散开则化为太虚。《老子》提出:"道生一,一生二,二生三,三生万物。"这是老子的宇宙生成说。数学家又将其看成数的产生过程。秦九韶说"道本虚一",可见他的思想受到《老子》《淮南子》的影响,主张"太虚生一",进而论述数学的作用。"神明"本来指主宰自然界和人类社会变化的神灵，后来演变为中国古代哲学用以说明变化的术语。《周易·系辞下》云："阴阳合德，而刚柔有体，以体天地之变，以通神明之德。"进而将通过事物的变化预测未来的能力称为神。《周易·系辞下》云："阴阳不测之谓神。"其人格神的意义已相当弱，成为哲学术语。到东汉张衡提出"阳气导物而生，故谓之神"，已没有人格神的意义。张载云："气有阴阳，推行有渐为化，合一不测为神。"以气的运动变化的性能解释神。可见，在宋代，神明已成为用以说明世界运动变化性质的范畴。"性命"指万物的天赋与禀受。"类万物"是中国传统思想对数学作用的基本看法，出自《周易·系辞下》的古者包牺氏"于是始作八卦，以通神明之德，以类万物之情"。刘徽《九章算术注》引用了《系辞》的话，并说包牺氏"作九九之术，以合六爻之变"，实际上将"通神明""类万物"作为数学的两项作用。《汉书·律历志》云："数者，一、十、百、千、万也，所以算数事物，顺性命之理也。"不言而喻，秦九韶所谓数学作用之"大者"就是由《系辞》和刘徽的"通神明"与《汉书》的"顺性命"构成的；而其"小者"中，"类万物"是《系辞》和刘徽的原话，而"经世务"则是通过"算数事物"实现的。秦九韶反对把数学看成浅近的学问。

然而，秦九韶通过自己的数学研究实践，认识到数学"通神明，顺性命"是难以做到的，他表白"所谓通神明，顺性命，固肤末于见"，而将自己的才智专注于"经世务，类万物"的"小者"上。

不言而喻，这个问题表现了秦九韶具有不慕虚荣、实事求是的科学精神。古今中外，许多人为文做事，尤其是在"神明""性命"这类人们知者甚少、不知者甚多的玄妙问题上，常常不懂装懂，故弄玄虚，自欺欺人。秦九韶的态度与此相反，固然囿于传统思想的成见，他阐述了数学的两类作用，还将"通神明，顺性命"称为"大者"，但是他坦诚地承认自己对"大者"的体会十分肤浅。在中国古代数学家中，像秦九韶这样在对数学作用的认识上如此坦率的，是十分少见的。这反映了他具有实事求是，"知之为知之，不知为不知"的科学精神。在象数学开始泛滥的南宋，这更是十分难能可贵的。

2. 数与道非二本

宋元时期思想界关于"道"及"道"与"器"的关系的讨论比较深入。比如秦九韶的同代人、理学家黄震就认为"道不离器"，道就是"日用常行之理"，主张经世致用。杰出的数学家受到思想界的影响，也在探讨这类哲理问题。秦九韶在谈到数与道的关系时说：

> 爰自河图、洛书，闿发幽秘，八卦九畴，错综精微，极而至于大衍皇极之用，而人事之变无不该，鬼神之情莫能隐矣。圣人神之，言而遗其粗；常人昧之，由而莫之觉。要其归，则数与道非二本也。

秦九韶认为，河图、洛书揭开了数学的奥秘，八卦、《九章》错综精微，可以用于大数演卦以及帝王统治天下的准则，人们生产生活的所有方面，乃至探知世界运动变化性质的范畴。总而言之，数学与道有同一个本源。秦九韶将数学与"道"联系起来，表示愿将自己的数学知识"进之于道"。

无独有偶，同时处于北方金元的李冶关于数学与道的关系也有类似的思想。他说："由技兼于事者言之，夷之礼，夔之乐，亦不免为一技。由技进乎道者言之，石之斤，扁之轮，非圣人之所与乎？"因此，李冶主张"推自然之理，以明自然之数"[①]，与数学不可知论划清了界限。

（二）数术之传，以实为体

秦九韶在谈到对数学作用的体会中的"小者"时说：

> 若其小者，窃尝设为问答以拟于用。积多而惜其弃，因取八十一题，厘为九类，立术具草，间以图发之，恐或可备博学多识君子之余观。

秦九韶在处理州、县各种事务中，在抗金、抗蒙的军事活动中及其他关系国计民生的生产、生活中，"窃尝设为问答以拟于用"，积累了81个数学问题，分成九类。前已指出，《九章算术》中九章的命名，有的按数学方法分类，有的

---

① ［元］李冶著《测圆海镜》，收入郭书春主编《中国科学技术典籍通汇：数学卷》，郑州：河南教育出版社，1993；大象出版社，2002，2015。

按实际应用分类，而《数书九章》的九类名称完全是实际应用的概括。秦九韶提出了解决这些问题的方法、程序，写出了它们的算草，绘出了许多问题的图形。在现存资料中，给数学问题最早作细草的是隋刘孝孙撰的《张丘建算经细草》，"草"后来成为宋元算书的重要内容。而在秦九韶的细草中还有具体的算式，实际上是后来笔算的萌芽。

秦九韶把数学看成促进社会经济发展，在财政上开源节流，关心民众疾苦，施行仁政，以及进行抗金、抗蒙战争的有力工具，反对认为数学"浅近"的偏见。上面的分析实际上已经充分说明了这个问题。众所周知，数学理论和方法密切联系社会的生产、生活实际，以应用为目的，是中国古典数学的重要特点。然而，被视为古算经之首的《九章算术》，水平最高的《四元玉鉴》，以及其他著作，尽管有大量人们生产、生活中的应用题，但是，有相当多的题目并不是来源于人们的生产、生活实践，而是编纂者为了说明术文的应用而编写的与实际应用风马牛不相及的例题，有的是趣味题。即使是童蒙读物《孙子算经》也不例外。《数书九章》则不同，除大衍类的第一问"蓍卦发微"是探求《周易》中"大衍之数五十，其用四十有九"的奥秘之外，其余80个问题全都是关于人们生产、生活及军事活动中的数学问题，大多数是秦九韶亲身经历的实际应用题。秦九韶一方面从事高深的数学创造，一方面注重数学成果的实际应用。可以说，在贾宪、秦九韶、李冶、杨辉、朱世杰等宋元时期一流数学家中，秦九韶是最注重"经世务，类万物"的一位。《数书九章》反映南宋社会经济情况之翔实，不亚于《宋史·食货志》。因此，《数书九章》在数学理论的实际应用上比《九章算术》强烈得多，反映了秦九韶十分关心国计民生的价值取向。不言而喻，秦九韶继承了中国古典数学密切联系人们的生活、生产实际这一传统。他明确指出：

　　　　数术之传，以实为体。

　　"实"就是人们的生活、生产实际。"体"指事物的本体、主体。朱熹在注《论语·学而》"礼之用，和为贵"时说："盖礼之为体虽严，而皆出于自然之理，故其为用，必从容不迫，乃为可贵。"秦九韶也是这种思想。他在概括数学

的作用时又说:

> 若昔推策以迎日, 定律而知气, 臂矩浚川, 土圭度晷, 天地之大, 囿焉
> 而不能外, 况其间总总者乎?

秦九韶认为, 古代使用算筹和筹算推算日月的朔望, 确定律吕, 而知道二十四
节气。用测量日影或其他物体的表与画直角或方形所用的曲尺进行测算, 疏通河
道、沟渠、兴修水利, 建造宫殿、民居, 天高地阔, 尚且不能置身其外, 更何况是
人世间众多的事物呢! 总之, 天底下人们生活、生产和科学技术的各个方面, 没有
不用到数学的, 接近于现今所说的"数学是一切科学技术的基础"的认识。

秦九韶特别认为, 官府的官吏, 尤其是管理财政税收的官吏应该通数学。
他说:

> 若官府会事, 则府史一二察之, 算家位置素所不识, 上之人亦委而听
> 焉。持算者惟若人, 则鄙之也宜矣。

在这里, 秦九韶对官府中的办事人员没有起码的计算知识, 只会通过一一累
加、累减进行计算, 而长官们听任这样的人表达了愤慨。秦九韶毫不客气地说,
在官府中掌握财会工作的都是这样的人, 应该鄙视他们!

(三) 可不求其故哉

中国古典数学长于算法, 算法常常是《九章算术》等中国古代数学著作的主
体。刘徽以演绎逻辑为主要方法全面论证了《九章算术》及他本人提出的算法的
正确性, 也就是说明了这些算法成立之"故"。秦九韶继承了这种"求其故"的
思想, 他说:

> 且天下之事多矣, 古之人先事而计, 计定而行, 仰观俯察, 人谋鬼谋,
> 无所不用其谨。是以不愆于成, 载籍章章可覆也。后世兴事, 造始鲜能考

度。浸浸乎天纪人事之毂缺矣，可不求其故哉？

秦九韶是说，天下的事情太多了，古人在实施一个工程之前，要根据计算而制订计划，计划确定之后再实施。仰观天文，俯察地理，与众人商议谋划及占卜吉凶之类，都要十分恭敬谨慎。这样才能不错过既定的计划。对此，各种典籍都记载得很清楚，是可以考察的。后来的人们办什么事情，开始很少有人能认真考度。渐渐地，上天的纪纲、人世间的事情都混杂无章，残缺不全了，难道可以不"求其故"吗？

二、秦九韶的仁政思想

秦九韶是不是在中国古典数学著作的序跋中唯一主张施仁政的数学家，不好说。但是，在现存资料中，他是第一位并且是最重要的一位主张施仁政的数学家，却是无疑的。"仁政"是儒家宽厚待民的政治主张，是儒家思想代表孟子从孔子的"仁学"继承发展而来的。孟子把孔子的"仁"发展为"仁政"学说，是孟子学说中的"民本""仁政""王道"和"性善论"等政治理想之一。孟子的"仁政"在政治上提倡"以民为本"的贵民思想。在经济上，孟子主张"民有恒产"，让农民有一定的土地使用权，要减轻赋税。孟子"仁政"学说的理论基础是"性善论"。孟子说"恻隐之心，人皆有之""勿夺农时"，保证农民有劳动的时间；《孟子·梁惠王上》云："王如施仁政于民，省刑罚，薄税敛，深耕易耨，壮者以暇日，修其孝、悌、忠、信，入以事其父兄，出以事其长上。可使制梃以挞秦、楚之坚甲利兵矣。"《孟子·公孙丑上》云："当今之时，万乘之国，行仁政，民之悦之，如解倒悬也。"这是说使人民有最低的物质生活条件，同时加强道德教育，使人民懂得"孝""悌""忠""信"的道理。同"仁政"学说相联系，孟子在《孟子·尽心下》中还提出了"民贵君轻"的思想，他说："民为贵，社稷次之，君为轻。"孟子认为君主只有得到人民的拥护，才能取得和保持统治地位，因此他主张国君要实行"仁政"，与民"同乐"。孟子还认为国君有过错，臣民可以规劝，规劝多次不听，就可以推翻他。孟子反对兼并战争，他认为战争太残酷，主张以"仁政"统一天下。

秦九韶继承了孟子的仁政思想。在《数书九章·序》的九段系文中，秦九韶直接谈到"仁"或"仁政"的有田域、赋役、钱谷、军旅四类。

秦九韶在第三类"田域"的系中说：

> 魁隗粒民，甄度四海。苍姬井之，仁政攸在。代远庶蕃，垦菑日广。步度庀赋，版图是掌。方圆异状，袤窳殊形。圛术精微，孰究厥真。差之毫厘，谬乃千百。公私共弊，盍谨其籍。

这是说，神农氏养活了万民，所以要考察度量全国各地。崇拜苍龙的姬周施行井田制，正是仁政之所在。平民百姓一代代繁衍，被开垦的农田日益增多。测量步数，办理赋役，就掌握了户籍和地图。方、圆有各异的形状，斜、凹有不同的图形。圛术精深微妙，怎样探究它的真情呢？失之毫厘，谬以千里。这是公私共有的弊端，对贡赋、人事和户口等档案，怎么能不慎重呢？

田域类第五卷"计地容民"问是一个开垦沙洲安置失地的贫苦老百姓的问题：

> 问：沙洲一段，形如楼刀：广一千九百二十步，纵三千六百步，大斜二千五百步，小斜一千八百二十步。以安集流民，每户给一十五亩。欲知地积容民几何。
>
> 答曰：地积二百三顷五十亩[1]，
>
>   容民一千三百五十六户[2]，余地一十亩。
>
> 术曰：以少广求之。置广，乘长，半之，为寄。以广幂并纵幂为中幂。以小斜幂并中幂，减大斜幂，余半之，自乘，于上。以小斜幂乘中幂，减上，余，以四约之，为实。以一为隅，开平方。得数加寄，共为积。以每户

---

[1] 宜稼堂本讹作"一百四十九顷九十五亩"，依王守义《数书九章新释》校正。

[2] 宜稼堂本讹作"九百九十九户"，沈钦裴指出：地积容民答数误，系草中开方得数误退一位所致。

给数除积，得容民户数。

图4-12　沙洲图（赵琦美家钞本）

"棹刀"是宋代常用兵器之一，为长柄刀，两面有刃，刃首上阔下窄，木杆的末端安铁镈。这是讨论一块棹刀形状的沙洲，应用了三斜求积的方法。设沙洲广为$a=1920$步，纵为$h=3600$步，大斜为$c_1=2500$步，小斜为$c_2=1829$步。沙洲地积为A，呈勾股形的这块地积为A_1，另一块地积为A_2。因此：

$$A=A_1+A_2,$$

$$A_1=\frac{1}{2}ah=\frac{1}{2}\times 1920步\times 3600步=3456000步^2。$$

设中斜为c_3，则

$$c_3^2=a^2+h^2=（1920步）^2+（3600步）^2=16646400步^2。$$

由本书第三章三斜求积术，得

$$A_2^2 = \frac{1}{4}\left[c_1^2 c_2^2 - \left(\frac{c_1^2 + c_2^2 - c_3^2}{2}\right)^2\right]$$

$$= \frac{1}{4}\left\{(1920步)^2 \times (1829步)^2 - \left[\frac{(1920步)^2 + (1829步)^2 - 16646400步^2}{2}\right]^2\right\}$$

$$= 2039184000000步^4。$$

开平方，求得

$$A_2 = 1428000步^2。$$

因此，地积

$$A = A_1 + A_2 = 3456000步^2 + 1428000步^2 = 4884000步^2$$

$$= 20350亩 = 203顷50亩，$$

$$户数 = \frac{20350亩}{15亩} = 1356（户），$$

$$余地10亩。$$

　　这个问题显然是秦九韶深入流亡的贫苦老百姓，了解他们的苦衷，以数学方法帮助他们解决实际问题，体现了他的仁政思想。

　　秦九韶在第五类"赋役"的系中说：

　　　　邦国之赋，以待百事。晐田经入，取之有度。未免力役，先商厥功。以衰以率，劳逸乃同。汉犹近古，税租以筭。调均钱谷，河蔺之扦。惟仁隐民，犹己溺饥。赋役不均，宁得勿思。

　　这是说，国家规定的赋税收入，是处理国计民生的各种事务所需要的。对天下之田地的常规赋税收入，要取之有度。实在要进行武力征伐，首先要计议其功利。利用衰分术和率的理论，使承担的赋税和徭役按人或户计算劳费等同。汉朝是属于较近的古代，他们以算赋计算租税；他们用均输法调配钱粮，在河洲中开垦的田地上种植农作物。希望官府能对贫民实施仁政，如同自己溺水与挨饿一样。对赋税和徭役的征调不均等的问题，岂能不再三考虑？秦九韶又将赋役问题与仁政联系在一起。

第六类"钱谷"的系在本书第一章已经引出。秦九韶认为理财不仅要开源节流，精打细算，而且要防止官吏的严刑苛法和商人的欺骗，否则会造成"去理益远，吁嗟不仁"的严重后果，应将理财与仁政联系起来。如卷十二"推知籴数"问：

> 问：和籴三百万贯，求米石数。闻每石牙钱三十，籴场量米折支牙人所得。每石出牵钱八百，牙人量米四石六斗八合折与牵头。欲知米数、石价、牙钱、折米、牵钱各几何。
>
> 答曰：籴到米一十二万石，
>
> 　　　石价二十五贯文，
>
> 　　　牙钱三千六百贯文，
>
> 　　　折米一百四十四石，
>
> 　　　牵钱一百一十五贯二百文。
>
> 术曰：以商功求之，率变入之。置籴本、牙钱、牵钱，相乘为实。以牵米为隅，开连枝立方，得石价。以价除本，得籴到米。以牙钱乘米，得总牙钱。以价除之，得牙米。以牵钱乘牙米，得共牵钱。

"和籴"是北魏至明清政府强制收购民间粮食的官买制度。北魏至中唐，"和籴"寓有聚米备荒、赈济灾民之意。中唐以后，强制配购性质日趋浓重。至宋，成为括粮养兵的重要手段。宋代的"和籴"，因其支付手段、具体办法的不同而有各种形式。宋初，狭义的"和籴"特指官府以现钱收购粮食，广义的"和籴"则包罗各种籴买方式。1贯是1000钱，盖旧时的制钱，用绳子穿上，每一千个叫一贯。"牙"指牙人或牙行。牙人是居于买卖双方之间，从中撮合，以获取佣金的人。"牙钱"就是牙人收取的佣金。"牵钱"在宋代指买卖过程中的中介费。在买卖过程中，有时除牙人外，还有牵头，从中沟通买主和卖主的关系，收取牵钱，作为报酬。牵钱按买卖数量抽成，一般比牙钱少。

设石价为x，这就是求解三次方程：

$$4.605x^3 = 72000000000000。$$

秦九韶用正负开方术求出石价$x=25000$文，进而求出籴到米、总牙钱、牙米和共牵钱。这个问题教导老百姓在进行贸易时如何计算米价、买到的米数、牙钱、牙米和总的牵钱，以防止牙人、牙行和牵头等从中捣鬼。

秦九韶强烈反对官府和豪强的横征暴敛，主张施仁政。是推行"仁政"还是"暴政"，历来是封建统治者不可回避的问题，也是开明的有良知的知识分子和广大民众关注的焦点之一。南宋大官僚不管是主战派还是主和派，都大量占有土地，通常是几十万亩，甚至几百万亩。广大人民承受着残酷的地租、高额的高利贷剥削以及沉重的赋税负担。以农业税收为例，南宋对北宋实行的夏、秋二税作了各种附加，如耗米、大斗收税、折帛钱、和预买、预借、科配、和籴等；此外又巧立各种名目，增加经总制钱、月桩钱、版帐钱等新税种。广大下层民众生活在水深火热之中。其中有的在秦九韶《数书九章》中有所反映。南宋末年政治黑暗，各级政府和官僚豪强压榨、剥削人民群众更加残酷。针对这种情形，许多正直的官吏和知识分子呼吁政府施仁政。施仁政的思想贯穿于整个《数书九章》，在与平民百姓关系最密切的田亩、赋役、钱粮、军旅等方面，都谈到了"仁"或"施仁政"的问题。秦九韶认为，田地面积的精确计算，赋役的取之有度与公平均等，钱谷丝帛事务中防止官吏、豪强欺上压下，土木水利工程中防止"财蠹力伤"，以及军队管理等方面，都是关系到对民众施仁政的大问题。秦九韶恪守传统道德的恕道，将自心比人心，认为下层受欺压、剥削的民众需要仁政，就像自己溺水需要救援，自己饥饿不堪需要吃东西一样紧迫。因此，他反对官吏、豪强横征暴敛，反对大商贾囤积居奇，更反对官吏不体察下情，随便对老百姓动刑，造成"惨急烦刑"的可悲局面。

在军旅类的系文中，秦九韶认为"师中之吉，惟智、仁、勇"，而且"珍民以幸，亦孔之忧"，指出无辜丧失了许多军人和老百姓的生命，即使取得了胜利，也是孔子所忧虑的。

三、秦九韶的主战、爱民思想

秦九韶主张抗金、抗蒙，他在南宋统治集团主战、主和两派的斗争中，是站在主战派一边的，尤其在投降派贾似道与主战派吴潜的斗争中，他属于主战派吴潜的营垒。这不仅为在南宋最高统治集团中，秦九韶一直追随吴潜，并被吴潜冤案株连而放逐梅州所证明，更为秦九韶在《数书九章》中特设"军旅"类所证明。数学著作中设军事类问题，并不是从《数书九章》开始的。北周甄鸾的《五曹算经》中就有"兵曹"卷。然而，所用的数学方法都非常浅近，甚至不用分数。而秦九韶《数书九章》中的11个军旅问题（军旅类9个，测望类2个）所用到的数学知识有勾股、重差、开方等比较高深的内容。比如，测望类"望敌圆营"问需要开四次方，并且使用当时最先进的增乘开方法。对军事问题像《数书九章》这样重视，设计的军旅问题这样多，并且使用了高深的数学方法，在中国古典数学著作中是罕见的。这是秦九韶亲身参加抗金、抗蒙战争，将数学知识用于战争实践，并在战争中进行数学研究的结晶，而不是向壁虚构。可以说，只有像秦九韶这样投身战争前线的数学家，才会研究战争中的数学问题。

《数书九章》第八类"军旅"的系指出加强国防力量的必要性，认为军队的统率必须抓紧军士的训练，遵循规章制度，军队中要讲究智谋，对士兵要仁爱，士兵才能勇敢，同时要考虑军队的后勤供应，等等。这都充分体现了秦九韶的爱民思想。他说：

> 天生五材，兵去未可。不教而战，维上之过。堂堂之阵，鹅鹳为行。营应规矩，其将莫当。师中之吉，惟智、仁、勇。夜算军书，先计攸重。我闻在昔，轻则寡谋。殄民以幸，亦孔之忧。

秦九韶引用古人的训诫，认为天生五材（指金、木、水、火、土五种物质，一说指勇、智、仁、信、忠五种德行），取消军队是不行的。不进行军事训练就投入战争，乃是决策者和将领的过错。强势的军队，排成鹅鹳阵的行列。军营遵循规矩，将是不可阻挡的。军队中的福星是智谋、仁爱和勇敢。夜晚研读兵法，谋略战事，首先要考虑辎重。我听说古代战争的教训，轻率地用兵就会缺乏计谋。灭绝了许多老百姓却为战争胜利而感到庆幸，正是孔子所忧虑的。秦九韶设计的军事问题包括方形和圆形军营布置、队列的变换、军营人数、侦察敌军人数、军队的后勤供应、部队的行军路程、军工兵器的制造和供应、军服的制造和分配、侦察敌军军营的大小、侦察敌军的远近等方面。

［宋］秦九韶著《数书九章》，［明］赵琦美家钞本，藏国家图书馆

［宋］秦九韶著《数学九章》，《四库全书》文津阁本影印，商务印书馆，2005

［宋］杨辉著《详解九章算法》，郭书春主编《中国科学技术典籍通汇：数学卷》影印，河南教育出版社，1993；大象出版社，2002，2015

［宋］李曾伯撰《可斋杂稿》，《四库全书》文津阁本影印，商务印书馆，2005

［宋］李曾伯撰《可斋续稿后》，《四库全书》文津阁本影印，商务印书馆，2005

［宋］王象之撰《舆地纪胜》，《四库全书》文津阁本影印，商务印书馆，2005

［宋］陈骙、佚名著《南宋馆阁录·续录》，《四库全书》文津阁本影印，商务印书馆，2005

［宋］真德秀编撰《西山文集》，《四库全书》文津阁本影印，商务印书馆，2005

［宋］史绳祖撰《学斋占毕》，《四库全书》文津阁本影印，商务印书馆，2005

［宋］魏了翁著《鹤山集》，《四库全书》文津阁本影印，商务印书馆，2005

［宋］洪咨夔撰《四部丛刊续编集部·平斋文集》，上海书店，1985

［宋］陈振孙撰《直斋书录解题》，《四库全书》文津阁本影印，商务印书馆，2005

［宋］李刘撰《梅亭先生四六标准》，《四库全书》文津阁本影印，商务印书馆，2005

［宋］刘克庄撰《后村先生大全集》，商务印书馆，1929

［宋］周应合撰《景定建康志》，《四库全书》文津阁本影印，商务印书馆，2005

［宋］魏岘撰《四明它山水利备览》，《四库全书》文津阁本影印，商务印书馆，2005

［宋］周密撰《癸辛杂识续集·卷下》，《四库全书》文津阁本影印，商务印书馆，2005

［宋］潜说友著《咸淳临安志》，浙江古籍出版社，2012

［宋］陈元靓编撰《岁时广记》，《四库全书》文津阁本影印，商务印书馆，2005

［元］朱世杰著《算学启蒙》，郭书春主编《中国科学技术典籍通汇：数学卷》影印，河南教育出版社，1993；大象出版社，2002，2015

［元］脱脱等著《宋史》，中华书局，1977

［元］袁桷著《清容居士集》，浙江古籍出版社，2015

［元］马端临著《文献通考》，中华书局，2011

［明］解缙等编纂《永乐大典》算法，郭书春主编《中国科学技术典籍通汇：数学卷》影印，河南教育出版社，1993；大象出版社，2002，2015

［清］钱大昕著《十驾斋养新录》，上海书店，1983

［清］陆心源著《仪顾堂题跋》，中华书局，1990

［清］焦循撰《天元一释》，郭书春主编《中国科学技术典籍通汇：数学卷》影印，河南教育出版社，1993；大象出版社，2002，2015

［清］周中孚撰《郑堂读书记》，中华书局，1993

［清］阮元校刻《十三经注疏》，中华书局，1980

［清］陆增祥著《八琼室金石补正》，文物出版社，1985

［清］嵇曾筠著，［清］李卫等修《浙江通志》，上海古籍出版社，1991

［清］陆心源著，冯惠民整理《仪顾堂书目题跋汇编》，中华书局，2009

［清］徐松著《宋会要辑稿》，上海古籍出版社，2014

郭书春、刘钝等主编《李俨钱宝琮科学史全集》，辽宁教育出版社，1998

郭书春汇校《九章筭术新校：全2册》，中国科学技术大学出版社，2014

郭书春主编《郭书春数学史自选集》，山东科学技术出版社，2018

郭书春主编《中国科学技术典籍通汇：数学卷》，河南教育出版社，1993；大象出版社，2002，2015

郭书春主编《中国科学技术史：数学卷》，科学出版社，2010，2017

郭书春著，刘钝点校《算经十书》，九章出版社，2001

郭书春著《论中国古代数学家》，海豚出版社，2017

杭州市地名志委员会办公室编《杭州市地名志》，浙江人民出版社，1990

姜锡东主编《宋史研究论丛（10）》，河北大学出版社，2015

李迪主编《中国少数民族科技史研究》，内蒙古人民出版社，1988

李迪著《中国科学技术史论文集》，内蒙古教育出版社，1991

李迪著《中国数学通史：宋元卷》，江苏教育出版社，1999

李醒民主编《科学巨星（6）》，陕西人民教育出版社，1995

宁波地方志编纂委员会整理《宋元四明六志》，宁波出版社，2011

钱宝琮等著《宋元数学史论文集》，科学出版社，1966

钱宝琮主编《中国数学史》，科学出版社，1964

沈康身主编《中国数学史大系：两宋卷》，北京师范大学出版社，2000

孙小淳、曾雄生主编《宋代国家文化中的科学》，中国科学技术出版社，2007

王守义著《数书九章新释》，安徽科学技术出版社，1992

吴文俊主编《秦九韶与〈数书九章〉》，北京师范大学出版社，1987

吴文俊主编《中国数学史论文集（四）》，山东教育出版社，1996

杨国选著《秦九韶生平考》，四川大学出版社，2017

游国恩、王起等主编《中国文学史（二）》，人民文学出版社，1963

中国科学院编译出版委员会名词室编订《数学名词》，科学出版社，1956

中国科学院自然科学史研究所数学史组编《科技史文集（第8辑）》，上海科学技术出版社，1982

中华书局编辑部编《宋元方志丛刊》，中华书局，1990

周魁一等主编《中国水利史稿》，科学出版社，1990

周魁一著《中国科学技术史：水利卷》，科学出版社，2002

［美］G. Sarton（萨顿），*Introduction to the History of Science*. Vol.3, 1947. Williams and Wilkins, Baltimore（Carnegie Institution Pub. No. 376）

［比利时］U. Libbrecht（李倍始），*Chinese Mathematics in the Thirteenth Century, The Shu—shu—chiu—chang of Chin Chiu—shao*, Cambridge, Massachustts and London, England, the M.I.T. press, 1973